영재교육원 선생님들이 지도하는
깨칠이 과학영재 만들기

머리말

우리 주변에는 재미있고 신기한 과학 이야기가 넘쳐나지만, 초등 과학 교과서와 긴밀하게 연결되어 배울 수 있는 과학 영재 도서는 좀처럼 찾아보기 어렵습니다. 과학을 좋아하는 아이들이 한 걸음 더 깊이 탐구하고 영재성을 키우기 위해서는 무엇보다 초등학생의 눈높이에 맞춘 쉽고 흥미로운 책이 꼭 필요합니다. 학교에서 배운 내용을 흘려보내지 않고 생활 속 자연 현상과 연결해 스스로 생각하는 힘은 아이들의 과학적 상상력과 문제 해결력을 키우는 든든한 토대가 됩니다. 이 책은 바로 그 힘을 길러주기 위해 만들어졌습니다. 아이와 부모가 함께 읽으며 교과서 속 지식이 어떻게 우리 일상 속에서 살아 숨 쉬는지 발견하고, 동시에 영재 시험 준비에도 자연스럽게 도움이 되도록 구성했습니다.

이 책의 특징

- ▶ 최신 2022 개정 교육과정 초등 과학 교과서의 내용을 완벽하게 반영하였습니다.
- ▶ 초등 과학 교과서에서 뽑은 14개 단원, 36개 주제를 심층적으로 탐구하였습니다.
- ▶ 과학 영재교육원 강의와 선발시험 출제 경험이 풍부한 현직 교사들이 집필하였습니다.
- ▶ 과학 영재 학생들에게 필요한 기초부터 심화 지식까지 모두 담았습니다.
- ▶ 기초부터 심화까지 영재 선발 면접과 서술형 시험 대비에도 적합합니다.
- ▶ 교과서 속 과학을 생활 속 현상과 연결해 세상을 과학의 눈으로 바라보는 힘을 길러줍니다.

이 책의 추천 대상

▶ 과학 영재교육원 입학을 꿈꾸는 초등학생과 학부모
▶ 과학고와 과학영재학교 진학에 관심 있는 초등학생과 학부모
▶ 자연계 및 이공계 진로에 흥미를 가진 초등학생과 학부모
▶ 초등 영재 교육과 과학 교육에 깊은 관심이 있는 학부모와 교사
▶ 초등 과학을 올바르게 지도하고자 하는 학부모와 교사
▶ 생활 속에서 접하는 자연 현상의 과학적 원리를 알고 싶은 초등학생
▶ 초등 과학의 기초를 탄탄하게 다지고자 하는 중학생

이 책의 구성 및 구체적 설명

첫째, 2022 개정 교육과정 초등 과학 교과와 완벽하게 연계하였습니다. 3학년부터 6학년까지의 초등 과학 교과서 32개 단원을 분석해 보면 '운동과 에너지', '물질', '생명', '지구와 우주'가 각각 7개씩 총 28개 단원이 있으며, 여기에 과학과 사회(융합·교양 영역) 4개 단원이 더해집니다. 이 책은 32개 단원 중 '운동과 에너지'(물리학)와 '물질'(화학) 분야의 14개 단원을 선정하고, 각 단원에서 2~4개의 핵심 주제를 뽑아 총 36개 주제를 깊이 있게 다루었습니다. 이를 통해 초등 과학 교육과정과 최대한 밀접하게 연계되도록 구성하였습니다.

둘째, 초등 영재 학생들에게 필요한 기초와 심화 내용을 한 권에 담았습니다. 2022 개정 교육과정 초등 과학 교과서(물리·화학 분야)의 주제와 내용을 철저히 분석하여 모두 반영하였으며, 주제별로 '과학적 용어 알기 →

관련 스토리 → 핵심 개념 → 한 걸음 더 나아가기(심화) → 영재성 키우기 문제'의 흐름으로 구성하였습니다. 이를 통해 독자들이 내용을 일관되고 체계적으로 이해하고 정리할 수 있습니다.

셋째, '인성 선생님과 함께 하는 영재성 키우기'를 통해 실전 대비를 완벽하게 강화하였습니다. 주제별 영재성 키우기 문제는 책을 읽으면 바로 답할 수 있는 문제도 있고, 읽은 것만으로는 쉽게 풀 수 없는 문제도 있습니다. 그러나 답을 고민하고 추가 자료를 찾아보며 사고력과 탐구력을 키운다면 서술형 시험과 면접 질문에도 충분히 대비할 수 있습니다.

넷째, 최고의 전문가들이 함께 집필한 초등 영재 입문서입니다. 초등, 중등, 고등, 대학의 각 교육 단계 전문가들이 뜻을 모아, 우리나라 초등 과학 인재들을 위한 입문서를 만들고자 2년 동안 정성을 쏟아 완성하였습니다.

다섯째, 교과서 속 과학을 생활 속 자연 현상과 연결해 사고력을 향상시켰습니다. 이를 통해 독자들은 세상을 과학의 눈으로 바라보는 힘을 기를 수 있습니다.

2025년 8월
저자 일동

이 책의 구성 미리보기

 **표제어(주제어)**

2022 개정 교육과정 초등 과학 교과서에 수록된 전체 단원 가운데 '운동과 에너지'(물리학)와 '물질'(화학) 단원의 내용을, 여러분이 쉽고 재미있게 이해할 수 있도록 문장으로 표현했습니다.

> **1 물체의 양을 측정하는 방법을**
> ▶ 3학년 1학기 - 1. 힘과 우리 생활

 과학적 용어 알기

본문에 등장하는 과학 용어의 정확한 의미와 뜻을 한눈에 이해할 수 있도록 간결하게 표현했습니다.

> **과학적 용어 알기**
> 질량: 물체가 존재하므로 가지는 가장 기본적인 양
> 부피: 물체가 공간에서 차지하는 크기
> 단위: 크기를 가지는 과학적 개념(예: 길이, 시간, 질량 등)을 나타내기 위한 공통의 기준값으로, 숫자 뒤에 붙여서 숫자의 의미를 정해 주는 (예: 길이의 단위는 'm', 시간의 단위는 '초', 질량의 단위는 'g' 등)

 **본문**

다소 어렵게 느껴질 수 있는 과학 내용을 재미있는 이야기와 스토리텔링으로 풀어내고, 관련 사진과 삽화를 함께 넣어 누구나 쉽게 이해할 수 있도록 구성했습니다.

> **헬륨 풍선은 왜 하늘로 올라갈까요?**
> 놀이동산에 가면 아이들은 하늘에 떠 있는 **헬륨** 풍선을 갖고 싶어 합니다. 보통의 물질은 땅으로 떨어지는데 헬륨 풍선은 하늘로 날아가니 신기하기 때문입니다.

4 핵심 개념

핵심 개념은 본문에서 다룬 내용 중 꼭 알아야 할 중요한 개념과 키워드를 따로 정리했습니다. 반드시 기억해 두길 바랍니다.

핵심개념
- 고체 물질의 양은 질량(또는 무게)으로 표시하는 것이 편리합니다.
- 액체 물질의 양은 부피로 표시하는 것이 편리합니다.
- 질량의 단위는 'g(그램)', 'kg(킬로그램)'이고, 부피의 단위는 'l(리터)', 'ml(밀리리터)', 'cm3(세제곱센티미터)', 'm3(세제곱미터)' 등이 있습니다.

5 한 걸음 더 나아가기

주제와 관련된 확장·심화 내용을 담아 여러분의 사고와 이해의 폭을 넓힐 수 있도록 구성했습니다. 다만, 초등학교 수준을 넘어서는 용어나 내용이 포함되어 있으니, 이해가 어려운 부분은 주변 어른들의 도움을 받도록 합시다.

한걸음 더 나아가기

한 어머니가 어린 아들에게 동물 세는 법을 가르쳐 주었습니다. 강아지 한 마리, 토끼 한 마리, 두 마리 등등. 그날 저녁에 할아버지 할머니께서 오시자 아들이 숫자 세는 법을 안다고 자랑하며 할아버지와 할머니를 세었답니다. 할아버지 한 마리, 할머니 두 마리…….

6 인성 선생님과 함께하는 영재성 키우기

우리 책에서 가장 빛나는 부분입니다. 영재 시험을 준비한다면 반드시 스스로 문제를 해결해 보세요. 어려울 때는 다른 자료를 참고해도 됩니다. 출판사 홈페이지(www.bookshill.com)의 예시 답안은 여러 방법 중 하나일 뿐이며 완전한 정답은 아닙니다. 여러분의 창의적인 답안이 더 좋은 답이 될 수도 있습니다.

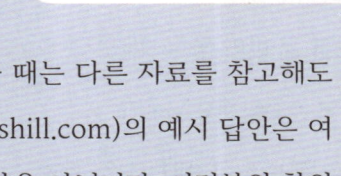

인성 선생님과 함께하는 영재성 키우기

깨칠이가 편의점에서 과자와 음료수를 샀는데, 그 양을 표시하는 방법이 다른 점을 보고 의문이 생겼습니다. 양을 표시하는 방법이 다른 이유와 관련하여 다음 물음에 답하세요.

목차

3학년 1학기 _ 힘과 우리 생활 / 15

1. 물체의 양을 측정하는 방법을 알아보아요 … 16

2. 공기도 무게가 있을까요? … 20

3학년 2학기 _ 물체와 물질, 소리의 성질 / 25

3. 물체와 물질은 무엇이 다른가요? … 26

4. 물질의 성질은 어떻게 알 수 있을까요? … 31

5. 우리 주변의 물질들은 어떻게 분류할 수 있을까요? … 35

6. 물질의 상태마다 특징들을 알아보아요 … 40

7. 소리는 어떻게 만들어질까요? … 45

8. 소리는 어떻게 우리 귀로 전달되나요? … 49

4학년 1학기 _ 자석의 이용, 물의 상태 변화 / 55

9. 생활 속에서 자석은 어떻게 이용되나요? … 56

10. 나침반이 항상 일정한 방향을 가리키는 이유는 무엇인가요? … 61

11. 물이 얼음이 되면서 나타나는 변화 … 66

12. 컵 안의 물과 컵 밖의 물 … 71

13. 물은 어떻게 순환할까요? … 77

14. 우리나라는 물 부족 국가인가요? … 82

4학년 2학기 _ 여러 가지 기체 / 89

15. 기체가 온도와 압력을 만나면 어떻게 될까요? … 90

16. 공기는 혼합물이야 … 97

5학년 1학기 _ 빛의 성질, 용해와 용액 / 103

17. 빛의 굴절 현상에 대해 알아보아요 … 104

18. 속지 말아요, 다 빛의 장난이야 … 109

19. 거울 속에 숨겨진 비밀을 밝혀 보아요 … 115

20. 그림자는 모두 검은색인가요? … 119

21. 용액의 진하기를 비교할 수 있는 방법을 알아보아요 … 124

22. 온도에 따라 물에 용해되는 용질의 양은 어떻게 변할까요? … 128

5학년 2학기 _ 혼합물의 분리, 열과 우리 생활, 자원과 에너지 / 133

23. 우리 주변에서 볼 수 있는 혼합물은 무엇이 있을까요? … 134

24. 혼합물은 어떻게 분리할 수 있을까요? … 141

25. 나무 의자와 쇠 의자의 온도가 같다고요? … 148

26. 머그컵 표면에 그림이 갑자기 나타나는 이유를 알아보아요 … 152

27. 에너지 형태에 대하여 알아보아요 … 158

28. 에너지는 써도 사라지지 않는다고요? … 162

6학년 1학기 _ 산과 염기, 물체의 운동 / **167**

29. 생활 속에서 산성 용액과 염기성 용액의 쓰임에 대해 알아보아요 … 168
30. 용액의 색을 바꾸는 마법 지시약! … 172
31. 물체의 빠르기는 어떻게 나타낼 수 있을까요? … 176
32. 토끼보다 거북이가 더 빠르다고요? … 180

6학년 2학기 _ 물질의 연소, 전기의 응용 / **185**

33. 연소란 무엇인가요? … 186
34. 최고의 소방관이 되기 위한 조건은? … 191
35. 전기로 만드는 전자석에 대해 알아보아요 … 196
36. 크리스마스트리의 전등이 차례로 켜지는 이유는 뭘까요? … 202

등장인물

정인성 선생님
하늘(SKY)초등학교 영재반 담임교사이자 대한민국 영재교육 1타 강사다. 영재 학생들을 가르치는 데 열정이 넘치며, 친절하고 따뜻한 성품을 지녔다.

왕깨칠
하늘(SKY)초등학교 영재반 학생으로, 정의롭고 긍정적인 성격을 지녔다. 가끔 엉뚱한 면을 보이지만 과학을 사랑하며 언제나 도전하는 태도를 가진 친구다. 지식을 깨우치고자 하는 열망이 크다.

나영웅
하늘(SKY)초등학교 영재반 학생으로, 왕깨칠의 친구다. 신중하고 꼼꼼하며, 친구의 마음을 잘 이해해 주는 따뜻한 성격을 지녔다.

이소민
하늘(SKY)초등학교 영재반 학생으로, 왕깨칠의 친구다. 영재반에서 가장 똑똑하고 천재적인 두뇌를 가졌으며, 다양한 재주를 지니고 있다. 우리나라 최초로 노벨 과학상을 받는 것을 꿈꾸고 있다.

3학년 1학기

● 힘과 우리 생활

얼마나 무거운 거야?

영웅아! 실험실로 옮겨서 택배상자 무게를 재어 보자!

내가 수레를 가지고 왔어!

1. 물체의 양을 측정하는 방법을 알아보아요

▶ 3학년 1학기 - 1. 힘과 우리 생활

과학적 용어 알기

질량: 물체가 존재하므로 가지는 가장 기본적인 양

부피: 물체가 공간에서 차지하는 크기

단위: 크기를 가지는 과학적 개념(예: 길이, 시간, 질량 등)을 나타내기 위해 사회적으로 합의한 공통의 기준값으로, 숫자 뒤에 붙여서 숫자의 의미를 정해 주는 것
(예: 길이의 단위는 'm', 시간의 단위는 '초', 질량의 단위는 'g' 등)

과자와 음료수는 양을 측정하는 방법이 달라요

과자를 샀을 때 포장지는 큰데 내용물은 얼마 없는 경우를 종종 경험했지요? 그래서 과자를 살 때는 포장지만 보면 안 되고, 실제 과자가 얼마나 들어 있는지 용량을 봐야 합니다. 그런데 과자와 음료수의 용량을 보면 조금 다르게 표시되어 있습니다.   과자의 경우는 숫자 뒤에 'g'이 표시되어 있고, 음료수의 경우는 숫자 뒤에 'ml'가 표시되어 있습니다. 이것은 용량을 나타내기 위해 과자는 **질량**을 측정하고, 음료수는 **부피**를 측정하기 때문입니다.

왜 과자와 음료수는 다른 방식으로 용량을 측정할까요?

이렇게 다른 방식으로 용량을 나타내는 이유는 고체와 액체의 양을 측정할 때, 고체의 경우는 질량이, 액체의 경우는 부피가 측정하기 쉽기 때문입니다. 간단한 실험으로 고체와 액체의 질량과 부피를 측정해 보면 그 이유를 알 수 있습니다.

16

실험1   질량 측정

준비물: 물, 금속 추, 전자저울, 비커

1. 금속 추를 전자저울 위에 올려놓으면 바로 질량을 측정할 수 있습니다.
2. 물의 질량을 측정하려면, 먼저 물을 넣을 비커의 질량을 측정해야 합니다. 그다음 측정하고자 하는 물을 비커에 넣은 후 질량을 측정하고, 처음 쟀던 비커의 질량을 빼야 합니다.

실험2   부피 측정

준비물: 물, 금속 추, 눈금 실린더

1. 금속 추의 부피를 재려면, 먼저 눈금 실린더에 물을 금속 추가 잠길 정도로 넣은 후 그 물의 높이 눈금을 읽습니다. 그 후 금속 추가 물에 완전히 잠기게 눈금 실린더에 넣은 후 높이 눈금을 읽습니다. 마지막으로 나중 높이에서 처음 물의 높이를 빼면 금속 추의 부피가 측정됩니다.
2. 물의 부피는 눈금 실린더에 물을 부어 그 물의 높이를 측정하면 됩니다.

위 실험에서 보았듯이 고체의 경우는 흐르지 않기 때문에 전자저울로 바로 질량을 측정할 수 있으나, 부피는 물에 넣어 늘어난 높이를 측정해야 하기 때문에 번거롭고 어렵습니다. 반면에 액체는 흐르는 성질 때문에 담을 용기가 필요하여 질량을 바로 측정할 수 없으나 부피는 바로 측정이 가능합니다. 이런 차이 때문에 물질의 양을 측정할 때, 고체의 경우는 주로 질량을 측정하여 표시하고, 액체의 경우는 부피로 측정하여 표시합니다.

> **핵심개념**
> - 고체 물질의 양은 질량(또는 무게)으로 표시하는 것이 편리합니다.
> - 액체 물질의 양은 부피로 표시하는 것이 편리합니다.
> - 질량의 단위는 'g(그램)', 'kg(킬로그램)'이고, 부피의 단위는 'l(리터)', 'ml(밀리리터)', 'cm³(세제곱센티미터)', 'm³(세제곱미터)' 등이 있습니다.

한걸음 더 나아가기

한 어머니가 어린 아들에게 동물 세는 법을 가르쳐 주었습니다. 강아지 한 마리, 두 마리, 토끼 한 마리, 두 마리 등등. 그날 저녁에 할아버지 할머니께서 놀러 오셨는데, 아들이 숫자 세는 법을 안다고 자랑하며 할아버지와 할머니를 세었답니다. 할아버지 한 마리, 할머니 두 마리…….

무엇이 틀렸나요? 동물을 셀 때는 '마리'라고 하지만, 사람을 셀 때는 '마리'라고 하지 않습니다. 보통 '명'을 쓰거나 어르신의 경우 '분'을 씁니다. 이렇게 숫자 뒤에 붙여서 그 숫자의 의미를 알려 주는 것을 **단위**라고 합니다.

수학에서는 숫자가 중요하지만, 과학에서는 숫자보다 단위가 더 중요합니다. 예를 들어 1과 100이 있다면 수학적으로는 당연히 100이 큰 수입니다.

하지만 과학에서는 1과 100에 어떤 단위가 붙는가에 따라 다른 결과가 나타납니다. 1 m는 100 mm보다 10배 더 큽니다. 그리고 1 m와 100 cm는 같은 크기입니다. 반면에 1 m와 100 kg은 서로 다른 개념이기 때문에 크기를 비교할 수 없습니다. 이처럼 같은 숫자라도 어떤 단위가 붙는가에 따라 전혀 다른 의미가 되기 때문에, 과학에서는 숫자보다 단위가 더 중요합니다.

> 1 < 100
> 1 m > 100 mm
> 1 m = 100 cm
> 1 m ≠ 100 kg
> (비교 불가)

인성 선생님과 함께하는 영재성 키우기

깨칠이가 편의점에서 과자와 음료수를 샀는데, 그 양을 표시하는 방법이 다른 점을 보고 의문이 생겼습니다. 양을 표시하는 방법이 다른 이유와 관련하여 다음 물음에 답하세요.

1 과자와 음료수의 양을 표시하는 방법이 다른 이유를 물질의 상태와 연관지어 설명해 보세요.

표시하는 방법이 다른 이유

2 과자와 음료수의 양이 맞는지 확인하기 위해 필요한 기구를 각각 써 보세요.

과자의 양을 측정하기 위한 기구	음료수의 양을 측정하기 위한 기구

2. 공기도 무게가 있을까요?

▶ 3학년 1학기 - 1. 힘과 우리 생활

과학적 용어 알기

헬륨: 우주에서 수소 다음으로 가벼운 물질이며, 주로 기체 상태로 존재함
중력: 지구 안에 있는 물체와 지구 사이에 서로 당기는 힘
무게: 물체의 무겁고 가벼운 정도로, 물체에 작용하는 중력의 크기
유체: 기체나 액체 상태와 같이 자유롭게 흘러 다니는 상태의 물체

헬륨 풍선은 왜 하늘로 올라갈까요?

놀이동산에 가면 아이들은 하늘에 떠 있는 **헬륨** 풍선을 갖고 싶어 합니다. 보통의 물질은 땅으로 떨어지는데 헬륨 풍선은 하늘로 날아가니 신기하기 때문입니다.

왜 헬륨 풍선은 다른 물질과 달리 하늘로 올라가는 것일까요? 이상하게 들리겠지만 그 이유는 풍선 속의 헬륨 기체가 **무게**를 갖고 있기 때문입니다. 지구에 있는 모든 물체는 무게가 있습니다. 눈에 보이지 않는 공기까지도 무게가 있습니다. 이때 공기의 무게보다 헬륨 기체의 무게가 가볍기 때문에, 헬륨 기체는 하늘로 날아가게 됩니다.

물과 식용유로 실험을 해 봐요

유체(流體)는 자유롭게 이동을 할 수 있습니다. 서로 섞이지 않는 다른 종류의 유체를 같이 넣으면 한 종류는 아래로 내려가고 다른 한 종류는 위로 올라갑니다. 물과 식용유로 실험을 해 보면 확실히 알 수 있습니다.

준비물: 투명한 물컵, 식용유, 물

실험 방법

1. 투명한 물컵에 식용유를 절반 정도 넣습니다.
2. 그 위에 물을 거의 가득 부어 넣습니다.
3. 잠시 기다린 후 물과 식용유가 어떻게 되었는지 확인합니다.

실험 결과

나중에 부어서 위쪽에 있을 것 같은 물이 오히려 밑으로 내려가고, 식용유가 위로 올라온 것을 볼 수 있습니다. 그 이유는 물이 식용유보다 무겁기 때문입니다.

실험을 통해서 서로 섞이지 않는 두 종류의 유체를 같이 넣으면 무거운 유체는 아래로, 가벼운 유체는 위로 올라가는 것을 알 수 있습니다. 공기와 헬륨 기체도 마찬가지입니다. 공기보다 헬륨 기체가 가벼워서 헬륨 기체는 위로, 공기는 아래로 이동하기 때문에, 헬륨 풍선이 하늘로 날아가는 것입니다.

핵심개념
- 지구에 있는 모든 물체는 중력을 받기 때문에 무게가 있습니다.
- 서로 섞이지 않는 두 유체를 같이 놓으면 더 가벼운 유체가 위로 올라갑니다.
- 헬륨 기체의 무게가 공기의 무게보다 가볍기 때문에 헬륨 풍선이 하늘로 올라갑니다.

한걸음 더 나아가기

보통 가벼운 물질은 물 위에 뜨고, 무거운 물질은 물 아래로 가라앉는다고 알고 있지만, 사실은 그렇지 않습니다. 간단한 예로 쇠못은 물에 가라앉지만 큰 통나무는 물 위에 떠 있습니다. 당연히 쇠못보다 통나무가 훨씬 무거운데도 말입니다. 이 원리는 중학교에서 '밀도'라는 개념을 배워야 이해할 수 있는데, 간단히 설명하자면 통나무를 쇠못과 같은 크기로 잘라서 무게를 비교해 보는 개념입니다.

통나무를 쇠못과 같은 크기로 잘라서 무게를 비교해 보면 쇠못이 더 무겁습니다. 즉,

10명이 있는 교실보다 5명이 있는 화장실이 더 좁습니다.

같은 크기로 만들어 놓고 무게를 비교해 보면 쇠가 나무보다 더 무겁다는 것입니다. 비유적으로 설명하면 큰 교실에 10명의 학생이 있는 것과 좁은 화장실에 5명이 있는 것을 상상해 볼 수 있습니다. 학생 수 자체는 교실이 더 많지만 화장실에 더 빽빽하게 모여 있습니다. 빽빽한 정도는 학생 수만으로는 알 수 없고 공간의 크기까지 고려해야 합니다. 이렇게 물질을 이루고 있는 입자들의 빽빽한 정도를 밀도라고 하고, 이 밀도가 물보다 큰 물질은 물 아래로 가라앉고 물보다 밀도가 작은 물질은 물 위로 떠오릅니다.

마찬가지로 공기보다 밀도가 큰 물질은 아래로 내려가고, 공기보다 밀도가 작은 물질은 위로 떠오릅니다. 헬륨 풍선은 공기보다 밀도가 작기 때문에 떠오르는 것입니다.

인성 선생님과 함께하는 영재성 키우기

깨칠이와 친구들은 공기의 특성을 알기 위하여 고무풍선으로 다음과 같은 실험을 하였습니다. 내용을 보고 물음에 답하세요.

실험1 2개의 고무풍선이 있습니다. 한쪽에는 헬륨 기체를, 다른 하나에는 이산화탄소 기체를 넣었더니 헬륨 기체가 든 풍선은 위쪽으로, 이산화탄소 기체가 든 풍선은 아래쪽으로 움직였습니다.

실험2 빈 페트병에 풍선을 넣고 풍선 입구로 페트병 입구를 막은 후, 풍선 입구에 바람을 불었더니 페트병 안쪽으로 들어간 풍선이 전혀 불어지지 않았습니다.

1 실험 1에서 헬륨 기체가 든 풍선은 위쪽으로, 이산화탄소 기체가 든 풍선은 아래로 내려간 이유를 설명해 보세요.

헬륨 기체가 든 풍선이 위쪽으로 움직인 이유	이산화탄소 기체가 든 풍선이 아래쪽으로 움직인 이유

2 실험 2에서 빈 페트병 속의 풍선이 불어지지 않은 이유는 무엇인지 설명해 보세요.

풍선이 불어지지 않은 이유

3학년 2학기

- 물체와 물질
- 소리의 성질

나는 고체를 돋보기로 관찰할게.

난 액체를 관찰하고 특징을 말해 줄게.

기체는 어떻게 관찰하지?

3 물체와 물질은 무엇이 다른가요?

▶ 3학년 2학기 - 1. 물체와 물질

과학적 용어 알기

물체: 모양과 크기가 있고 공간을 차지하는 것(구체적인 형태를 가지고 있음)
물질: 물체를 만드는 재료(질량과 부피를 가지고 있음)
순물질: 한 가지 물질로만 이루어진 물질(한 가지 종류의 원소로 이루어진 물질과 두 가지 이상의 원소로 이루어진 화합물이 있음)

금도끼와 은도끼로 알아보는 물체와 물질

여러분이 잘 알고 있는 금도끼와 은도끼 이야기 중 일부분입니다. 옛날 어느 마을의 마음씨 착한 나무꾼 깨칠이가 나무를 하다가 그만 연못 속에 도끼를 빠뜨려서 울고 있었습니다. 그런데 갑자기 연못 앞에서 울고 있던 깨칠이 앞에 신령님이 나타나 빠뜨린 도끼를 찾아 주시며 말합니다. "이 금도끼가 너의 도끼냐?", "이 은도끼가 너의 도끼냐?" 그러자 깨칠이는 자기 도끼는 비싼 것도 새것도 아닌 낡은 쇠도끼라고 말을 합니다. 신령님은 욕심이 없는 나무꾼 깨칠이에게 쇠도끼와 함께 금도끼와 은도끼도 선물로 주시고 연못으로 사라졌습니다. 여기서 도끼와 도끼날, 도끼자루는 모양과 크기가 있는 **물체**입니다. 그리고 금, 은, 쇠(철) 등은 도끼날을 만드는 **물질**입니다. 또한

도끼자루를 만드는 나무도 물질이지요. 이와 같이 우리는 생활 속에서 여러 가지 물질로 만든 다양한 물체들을 사용하고 있습니다.

물체와 물질의 비교

이야기를 통해 물체와 물질을 구분해 보았는데요, 그러면 우리 주변에서 만날 수 있는 물체들은 각각 어떤 물질로 만들어져 있는지 관찰해 봅시다.

물체의 이름	유리컵	나무 의자	풍선	빵
물질	유리	나무	고무	밀가루

생활 속 물체와 물질

유리, 나무, 고무, 밀가루 이외 다른 물질로 만든 물체들을 알아봅시다.
- 플라스틱(물질)으로 만든 페트병, 바구니, 장난감 블록 등이 있습니다.
- 가죽(물질)으로 만든 장갑, 신발, 모자 등이 있습니다.
- 금속(물질)으로 만든 수저, 클립, 집게 등이 있습니다.
- 천(물질)으로 만든 옷, 가방, 인형 등이 있습니다.

핵심개념
- 물질의 개념은 질량과 부피를 가지는 존재로 정의될 수 있습니다. 즉, 공간의 일부를 차지하고 질량을 가지며, 이런 특성들로 인해 다양한 자연 현상을 일으키기도 합니다.
- 공간을 차지하고 질량을 가지고 있어야 물질이므로, 질량이 없는 열, 빛 등은 물질이 아닙니다. 반면에 공기는 공간을 차지하고 질량이 있으므로 물질입니다.

우유, 공기, 암석, 물 등 우리 주변에는 다양한 물질들이 있습니다. 이러한 물질들은 '순물질'과 '혼합물'로 구분할 수 있습니다. 순물질은 한 가지 물질로 이루어진 물질이며, 혼합물은 두 종류 이상의 순물질이 섞여 있는 물질을 말합니다.

순물질의 분류(원소와 화합물)

- 원소: 한 가지 원소로만 이루어진 물질이며, 물질마다 일정한 성질을 가지고 있어서 화학적 방법으로는 분해할 수가 없습니다. 원소의 예로는 산소, 수소, 금, 철, 구리, 다이아몬드 등이 있습니다.
- 화합물: 두 가지 이상의 원소가 결합하여 생성된 물질이며, 서로 다른 두 종류 이상의 원소가 결합되어 있기 때문에 화학적 방법으로 분해할 수 있습니다. 화합물의 예로는 이산화탄소, 물, 소금(염화나트륨) 등이 있습니다.

혼합물의 분류(균일 혼합물과 불균일 혼합물)

- 균일 혼합물: 두 가지 이상의 성분 물질이 고르게 섞여 있는 혼합물이며, 어느 부분이나 항상 같은 성질을 가지고 있습니다. 균일 혼합물의 예로는 소금물, 공기, 탄산음료, 식초, 청동 등이 있습니다.
- 불균일 혼합물: 여러 성분들이 고르게 섞이지 않은 혼합물로, 각 부분들마다 성질이 다릅니다. 불균일 혼합물의 예로는 암석, 흙탕물, 생과일 주스, 우유, 콘크리트 등이 있습니다.

※ 혼합물은 물리적인 방법(거름, 증발, 증류 등)으로 **분리**할 수 있고, 화학적인 방법으로 **분해**할 수 있습니다.

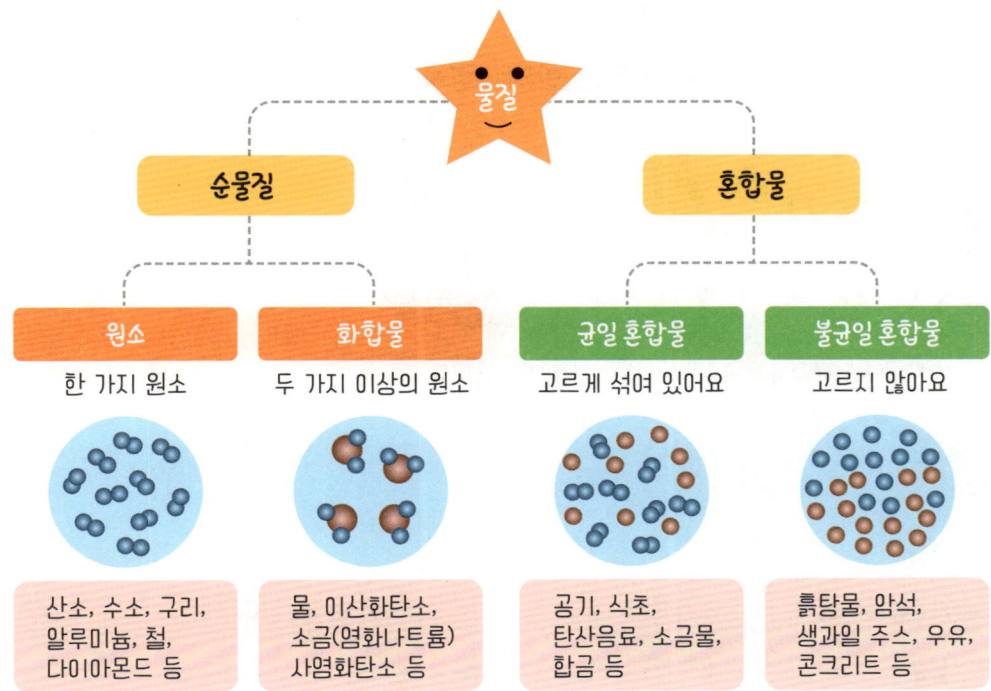

인성 선생님과 함께하는 영재성 키우기

1 아래의 사진을 보고 물질과 물체를 구별한 뒤, 그렇게 생각한 까닭을 적어 보세요.

나무 책걸상   통나무   나무판자

	구분	그렇게 생각한 까닭
물질		
물체		

2 우리 생활 속에서 볼 수 있는 것 중에서 하나의 물질로 된 물체와 여러 가지 물질로 이루어진 물체를 표로 만들었습니다. 빈칸에 들어갈 물체를 생각해 보세요. (단, 물체를 중복으로 쓰면 안 됩니다.)

물질 \ 물질	철(금속)	플라스틱	나무	유리
철(금속)				창문
플라스틱			서랍장	
나무	망치			
유리		안경		유리병

4. 물질의 성질은 어떻게 알 수 있을까요?

▶ 3학년 2학기 - 1. 물체와 물질

과학적 용어 알기

색깔: 물질이 빛을 받을 때 빛의 파장에 따라 나타나는 특유의 빛
촉감: 피부의 감각으로 전해지는 느낌
굳기(경도): 물질의 단단함과 무른 정도(서로 긁어 봄)
세기(강도): 물질의 강한 정도(물질에 힘을 가해 봄)
밀도: 물체의 질량을 부피로 나눈 값(단위 부피만큼의 질량임)

물질의 성질 알아보기

물질은 각각 고유의 성질을 가지고 있는데, 여기에는 '물리적 성질'과 '화학적 성질'이 있습니다. 물리적 성질은 물질 본래의 성질을 변화시키지 않으면서 측정할 수 있는 성질이고, 화학적 성질은 물질의 화학적 구조에 변화를 줄 때 물질이 변하거나 반응하거나 또는 다른 물질을 생성하는 것을 나타내는 성질입니다.

그렇다면 우리는 물질의 성질을 어떻게 알 수 있을까요? 보통은 물질의 물리적 성질을 이용해 비교하고 구별할 수 있는데, 물질의 물리적 성질에는 '겉보기 성질', '세기 성질', '크기 성질'이 있습니다. 물질의 성질을 알고자 할 때는 제일 먼저 겉보기 성질을 이용하고, 겉보기 성질이 비슷해 물질을 구별하기 어려울 때는 세기 성질 등을 이용합니다.

물질의 성질 나타내기

물질의 성질을 알고자 할 때 보통 물질의 물리적 성질(겉보기 성질, 세기 성질, 크기 성질)을 이용합니다. 그러면 이러한 물리적 성질에 대해 좀 더 자세히 알아봅시다.

물질의 물리적 성질

- 겉보기 성질: 사람의 감각 기관이나 간단한 도구를 이용하여 쉽게 알 수 있는 성질입니다. 이러한 성질에는 색깔, 냄새, 촉감, 맛, 굳기 등이 있습니다.
- 세기 성질: 물질의 정도를 나타내는 성질입니다. 이러한 성질에는 녹는점, 끓는점, 어는점, 밀도, 강도, 용해도 등이 있습니다.
- 크기 성질: 물질의 양이 얼마만큼 고려되었는가를 나타내는 성질입니다. 이러한 성질에는 질량, 길이, 부피 등이 있습니다.
- 물리적 성질의 예시

판의 종류	물질의 성질
금속	은색. 광택이 있음. 딱딱하고 매끈함. 무거움. 단단함.
플라스틱	색깔이 다양함. 광택이 있음. 딱딱하고 매끈함. 가벼움.
나무	황토색. 무늬가 있음. 딱딱하고 거침. 가벼움.
고무	검은색. 말랑말랑함. 잘 휘어짐. 무거움.
유리	투명함. 딱딱하고 매끈함. 잘 깨어짐. 무거움.

핵심개념

- 물질마다 눈으로 볼 수 있는 색깔, 손으로 만졌을 때 느낌(촉감), 휘어지는 정도, 단단한 정도, 물에 뜨고 가라앉는 성질(밀도) 등 서로 다른 물리적 성질을 가지고 있습니다.
- 쓰임새가 같은 물체를 여러 가지 물질로 만들면 상황에 따라 좀 더 편리하게 사용할 수 있습니다.

과학에서는 다양한 종류의 반응을 크게 물리 변화와 화학 변화로 나눕니다. **물리 변화**는 물질의 모양이나 크기, 촉감, 상태 등 겉모습만 달라질 뿐, 물질이 가지고 있는 고유한 성질은 변하지 않고 유지되는 현상입니다. 대표적인 물리 변화의 예로는 물이 증발해서 수증기로 변하거나, 물이 얼어서 얼음으로 변하는 것을 들 수 있습니다. 즉, 수증기와 물, 얼음은 형태는 서로 다르지만 물 자체의 고유한 성질은 변하지 않고 그대로 존재하므로, 수증기, 물, 얼음 사이의 상태 변화는 물리 변화입니다.

화학 변화는 물질이 원래의 물질과는 전혀 다른 성질의 새로운 물질로 변하는 현상을 의미합니다. 대표적인 화학 변화의 예로는 나무가 불에 타서(연소) 검은 숯이 되는 것과 쇠로 된 물질에 녹이 생기는 현상, 물에 전기 충격을 가해서 수소 기체와 산소 기체로 분해하는 것 등이 있습니다. 이렇게 어떤 물질이 변화하기 전의 물질과는 완전히 다른 새로운 물질이 되는 것을 화학 변화라고 부릅니다.

물리 변화와 화학 변화의 예

인성 선생님과 함께하는 영재성 키우기

1 우리가 생활 속에서 물을 마실 때 사용하는 컵은 유리로 만들어진 것이 많습니다. 물질의 성질과 관련지어 유리컵의 장점과 단점을 생각해 보세요.

유리컵의 장점	유리컵의 단점

2 유리컵의 단점을 해결할 수 있는 물질을 생각해 보고, 그 물질로 컵을 만들었을 때의 좋은 점과 불편한 점을 설명해 보세요.

물질 이름	
좋은 점	
불편한 점	

5. 우리 주변의 물질들은 어떻게 분류할 수 있을까요?

▶ 3학년 2학기 - 1. 물체와 물질

과학적 용어 알기

고체: 눈으로 볼 수 있고, 손으로 잡을 수 있는 물질의 상태
액체: 눈에 보이며 흐르는 성질이 있는 물질의 상태
기체: 눈으로 볼 수 없으면서 손으로 잡히지 않는 물질의 상태

상태에 따른 물질의 비교

우리 주변에는 다양한 물질들이 있으며, 물질들 사이에는 비슷한 점도 있고 서로 다른 점도 많습니다. 이러한 성질을 바탕으로 우리는 주변의 물질들을 분류할 수 있습니다. 주변에서 쉽게 볼 수 있는 나무, 물, 공기를 지퍼 백에 넣고 그 성질을 비교해 봅시다.

 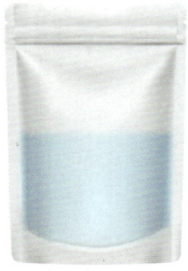 

지퍼 백에 담은 나무　　지퍼 백에 담은 물　　지퍼 백에 담은 공기

지퍼 백 안에 들어 있는 세 가지 물질에는 어떠한 차이점이 있을까요? 지퍼 백에 들어 있는 나무와 물은 눈에 보입니다. 그러나 공기의 형태는 눈에 보이지 않습니다. 지퍼 백을 기울이면 나무는 아래 방향으로 이동하고, 물은 출렁이며 흐릅니다. 그러나 공기의 움직임은 보이지 않습니다. 지퍼 백을 열어 지퍼 백 안의 물질을 손으로 잡아 보면 나무는 손으로 잡을 수 있지만 물과 공기는 잡을 수 없습니다.

고체, 액체, 기체 알아보기

우리 주변에서 나무, 물, 공기와 같은 성질을 나타내는 물질에는 어떤 것이 있을까요? 나무, 모래, 옷, 얼음, 연필, 책 등과 같이 눈으로 볼 수 있고 손으로도 잡을 수 있는 물질을 **고체**라 합니다. 물, 우유, 식초, 사이다, 주스 등과 같이 눈에 보이며 흐르는 성질이 있는 물질을 **액체**라 합니다. 그리고 공기처럼 눈으로 볼 수 없으면서 손으로 잡히지도 않는 물질을 **기체**라 합니다. 대부분의 물질들은 이렇게 고체, 액체, 기체 중 한 가지 상태로 존재하고 있습니다.

핵심개념
- 우리 주변의 물질들은 고체, 액체, 기체 중 한 가지 상태로 존재하고 있습니다.
- 고체, 액체, 기체는 눈으로 보이는 성질과 손으로 잡히는 성질 그리고 흐르는 성질이 다르게 나타납니다.

 한걸음 더 나아가기

얼음(고체), 물(액체), 수증기(기체)

물은 보통 액체로 존재하지만, 온도가 변하면 그 상태가 변화합니다. 무더운 여름, 시원한 얼음물을 만들기 위해서 물을 냉동실에 넣어 두면 얼음이 됩니다. 그리고 추운 겨울, 따뜻한 음료를 마시기 위해 주전자에 물을 넣고 가열하면 물이 수증기가 되어 공기 중으로 퍼져 나가게 됩니다. 이렇게 물은 온도에 따라 얼음, 수증기로 변하지만, 그렇다고 물이 전혀 다른 물질로 새롭게 바뀐 것은 아닙니다. 온도에 따라 얼음과 수증기로 상태만 변화된 것입니다. 즉, 단단한 구조와 일정한 모양을 가진 물의 고체 상태를 얼음이라 하고, 담는 용기에 따라 모양이 달라지지만 부피가 일정한 액체 상태를 물이라고 합니다. 그리고 자유롭게 운동하는 물의 기체 상태를 수증기라 말하는 것입니다.

이산화탄소와 드라이아이스

보통 이산화탄소는 기체로 존재하지만, 매우 낮은 온도에서는 고체로 존재합니다. 고체 상태의 이산화탄소는 얼음처럼 녹지 않기 때문에 드라이아이스라고 부릅니다. 드라이아이스는 매우 낮은 온도($-77.5\,°C$에서 고체에서 기체로 상태가 변화하는 승화가 이루어짐)로 존재하며, 얼음과 같은 모양이지만 증발할 때 물이나 잔류물이 남지 않습니다. 이런 성질 덕분에 드라이아이스는 냉매제로 널리 사용되며, 수분에 민감한 제품을 보존하는 데 적절한 물질입니다. 식품 제조, 식품 보존, 냉장 운송, 의약품 보존 등에 이용되고 있습니다.

인성 선생님과 함께하는 영재성 키우기

1 우리 주변에서 다음 A~F의 과정에 해당하는 예를 찾아 표 안에 써 보세요.

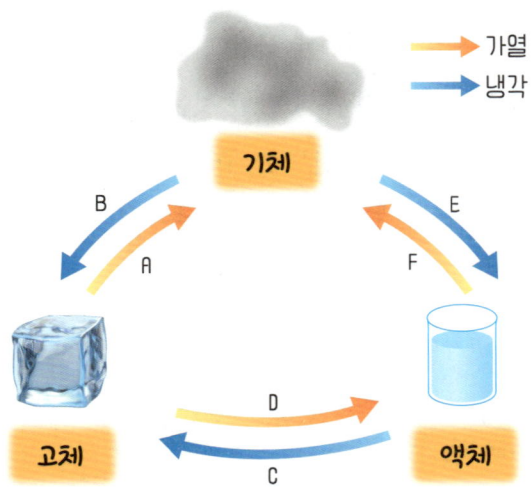

과정	예
A	
B	
C	
D	
E	
F	

인성 선생님과 함께하는 영재성 키우기

2 드라이아이스를 물에 넣었더니 그림과 같이 물속에서 기포가 발생하고, 용기 주변에서 흰색 연기가 발생하였습니다.

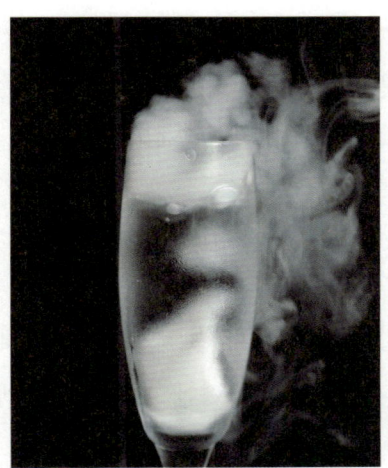

물속에 생긴 기포와 흰색 연기를 구성하는 물질의 종류에 대해 생각해 보세요.

물속에 생긴 기포	흰색 연기

6. 물질의 상태마다 특징들을 알아보아요

▶ 3학년 2학기 - 1. 물체와 물질

과학적 용어 알기

물질의 상태: 물질의 모양이나 특징과 같이 물질이 존재하는 형태를 뜻하며, 대부분의 물질은 고체, 액체, 기체 세 가지 상태로 존재함

물질의 세 가지 상태와 성질

물질의 상태는 물질의 모양이나 특징과 같이 물질이 존재하는 형태를 뜻하며, 우리 주변에 있는 대부분의 물질은 온도와 압력에 따라 고체, 액체, 기체의 세 가지 상태로 존재하고 있습니다.

고체는 단단한 구조와 일정한 모양을 가지는 상태로, 외부에서 힘을 가해도 부피 변화가 거의 없으며 물질의 모양이 구조적으로 견고합니다.

나무

금속

액체는 고체와 마찬가지로 압력을 가해도 부피 변화가 크지 않습니다. 그리고 담는 용기에 따라 모양이 달라지며 강물이나 시냇물처럼 이동하는(흐르는) 성질을 가진 물질의 상태입니다.

여러 가지 모양의 용기에 담긴 같은 부피의 물

숲속의 시냇물

기체는 온도와 압력에 의해 부피가 늘어나거나 줄어드는 성질이 있습니다. 온도가 높아지면 부피가 늘어나고, 온도가 낮아지면 부피가 줄어들게 됩니다. 또한 기체를 누르는 힘이 커지면 부피가 줄어들고, 누르는 힘이 작아지면 부피는 늘어납니다. 그리고 기체도 액체처럼 이동하는 성질을 가지고 있어서 풍선이나 비눗방울을 불 수 있고 바람도 일으킬 수 있습니다.

풍선 불기

비눗방울 불기

선풍기로 바람 일으키기

핵심개념

고체, 액체, 기체를 모양과 부피 변화, 유동성에 따라 구분하면 다음과 같습니다.

구분	고체	액체	기체
모양 변화	담은 용기에 상관없이 일정하다.	담는 용기에 따라 변한다.	담는 용기에 따라 변하며, 용기를 가득 채운다.
부피 변화	담은 용기에 상관없이 일정하다.	담은 용기에 상관없이 일정하다.	온도, 압력에 따라 변화가 크다.
유동성	유동적이지 않다.	유동적이다.	유동적이다.

※ 유동성: 끊임없이 흘러서 움직이는 성질

한걸음 더 나아가기

물질의 상태와 입자 배열

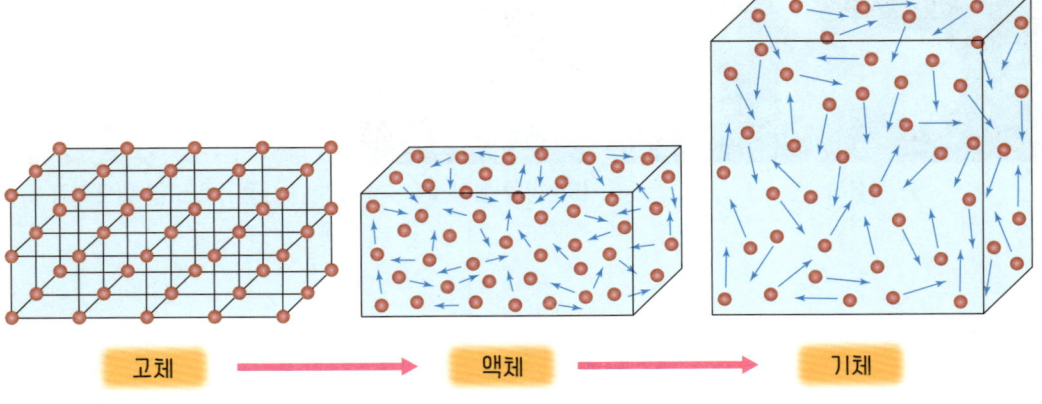

고체 → 액체 → 기체

고체는 물질을 이루는 입자들이 규칙적이고 조밀하게 붙어 있어 단단한 구조와 일정한 모양을 가지게 됩니다. 액체는 물질을 이루는 입자들이 고체보다 자유롭지만 기체에 비해 입자들이 강하게 결합하고 있습니다. 그래서 액체는 일정한 모양은 없지만, 부피는 변하지 않습니다. 기체는 물질을 이루는 입자 사이의 거리가 매우 멀고 입자끼리 잡아당기는 힘도 거의 없어서 자유롭게 운동합니다.

플라즈마, 액정, 초임계유체

물질은 고체, 액체, 기체라는 기본적인 세 가지의 상태 이외에도 '플라즈마', '액정', '초임계유체'와 같은 다른 상태로 존재하기도 합니다. **플라즈마**는 기체 상태의 물질을 높은 온도로 가열하였을 때 입자들이 전기적인 성질을 나타내는 상태입니다. **액정**은 고체처럼 입자들이 규칙적인 배열을 하고 있지만, 액체처럼 입자들이 움직일 수 있어 고체와 액체의 중간 성질을 가지는 물질입니다. **초임계유체**는 액체와 기체의 중간 성질을 가지는 물질로, 기체의 확산성과 액체의 용해성이 우수하게 나타납니다.

초임계유체를 이용한 디카페인 커피

현재 이용되고 있는 초임계유체의 종류는 이산화탄소, 물, 암모니아 벤젠 등 약 20여 종에 달합니다. 이 중 이산화탄소는 초임계유체로 가장 활발하게 사용 중입니다. 초임계 상태의 이산화탄소는 커피 원두로부터 카페인을 제거하는 공정에 용매로 사용되고 있는데, 이러한 과정을 통해 97%의 카페인을 제거한 디카페인 커피를 만들 수 있습니다.

인성 선생님과 함께하는 영재성 키우기

1 그림은 고체, 액체, 기체를 모형으로 나타낸 것입니다.

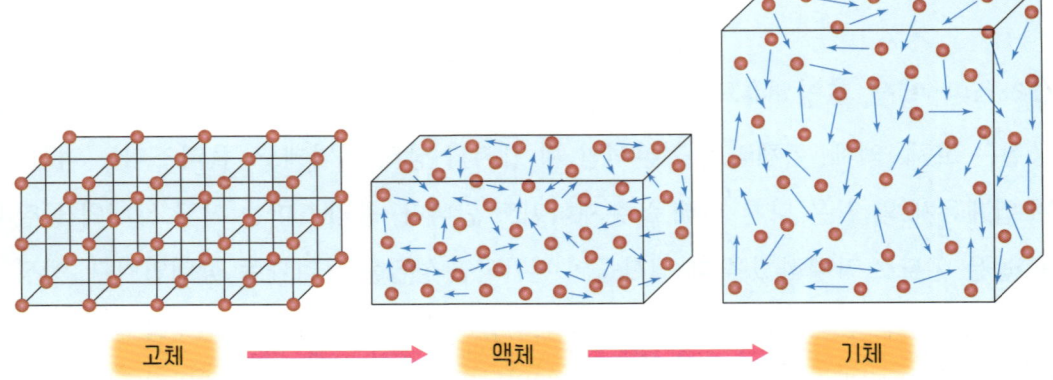

고체→액체→기체로 바뀔 때 다음 성질들의 변화에 대해 생각해 보세요.

성질	일정한 질량의 물질이 고체 → 액체 → 기체로 바뀔 때의 변화
물질의 부피	
입자 배열	
입자 사이의 인력	
입자 운동	

7 소리는 어떻게 만들어질까요?

▶ 3학년 2학기 - 3. 소리의 성질

과학적 용어 알기

파동: 진동이 매질을 통해서 퍼져 나가는 현상
소리: 사람의 귀로 들을 수 있는 형태의 파동
매질: 파동이나 소리와 같은 과학적 현상을 전달해 주는 물질

사춘기 때 목소리가 변해요

어린아이의 목소리와 어른의 목소리는 많이 다릅니다. 특히, 남자의 경우는 어른이 되면서 목소리가 완전히 바뀌게 됩니다. 그 이유는 무엇일까요?

사람들은 사춘기를 지나면서 아이의 몸에서 어른의 몸으로 변하게 됩니다. 이때 목소리를 만드는 성대도

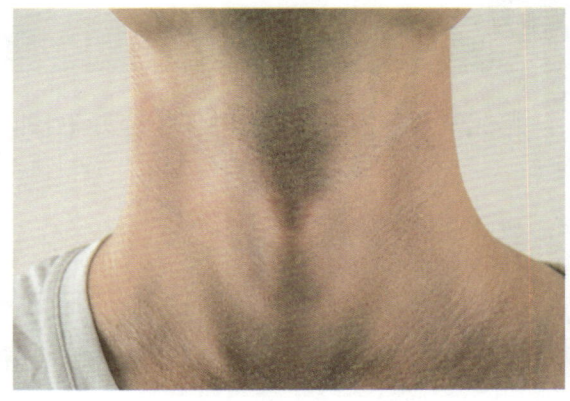

커지는데, 여자보다 남자가 훨씬 더 많이 커지기 때문에 목소리도 완전히 바뀌게 됩니다. 또한 남자의 경우 성대가 커지면서 성대를 보호하는 약한 뼈(연골)도 같이 커지기 때문에, 사춘기 이후 목에 약한 뼈가 튀어나온 것을 볼 수 있습니다(서양에서는 이렇게 튀어나온 뼈를 '아담의 사과'라고 합니다).

이처럼 사람은 목에 있는 성대에서 소리를 만들어 냅니다. 목에 손바닥을 대고 "아~" 하고 소리를 내 보세요. 목이 떨리고 있는 것이 느껴지나요? 이렇게 모든 소리는 물체의 떨림(진동)에 의해서 만들어집니다.

다양한 소리 만들기

휴대폰으로 노래를 크게 틀어 놓고 소리가 나는 스피커 쪽에 손을 대어 보세요. 성대에 손을 대었을 때와 같은 진동이 느껴지나요? 또는 컵에 물을 가득 넣고 숟가락으로 살살 쳐 보세요. 소리가 날 때 물의 표면에 **파동**이 퍼져 나가는 것을 볼 수 있을 것입니다. 이처럼 소리는 어떤 물질이 진동을 하면서 만들어집니다. 그러므로 악기란 소리를 내기 위해 불거나 두드려서 진동을 만들어 내는 기구라고 할 수 있습니다. 이때 진동하는 물질의 종류, 크기, 무게 등에 따라서 다른 소리가 만들어집니다. 간단한 실험을 해 볼까요?

실험

준비물: 같은 크기의 유리병 2개, 숟가락 1개, 물

실험 방법

1. 같은 크기의 유리병 하나에는 물을 조금만 넣고, 다른 하나에는 물을 많이 넣습니다.
2. 먼저 숟가락으로 유리병을 살살 쳐 봅시다. 어느 병이 더 높은 소리가 나나요?
3. 유리병 입구에 입을 대고 소리가 나도록 불어 봅시다. 어느 병이 더 높은 소리가 나나요?

유리병을 숟가락으로 쳤을 때와 입으로 불 때, 전혀 다른 소리가 납니다. 그 이유는 숟가락으로 유리병을 쳤을 때는 유리병과 그 속에 있는 물이 진동하면서 소리가 났지만, 입으로 불 때는 유리병 속의 공기가 진동하면서 소리가 났기 때문입니다. 이처럼 소리는 물체가 진동하면서 만들어지기 때문에 무엇이 진동하는가에 따라 같은 물체라도 다른 소리가 나게 됩니다.

- 소리는 어떤 물체가 진동하면서 만들어집니다.
- 진동하는 물체의 크기, 무게, 구성하는 물질의 종류 등에 따라서 소리도 달라집니다.

악기는 소리의 높낮이(음)가 정확해야 합니다. 그래서 연주를 하기 전에 음을 맞추는데, 이를 '튜닝'이라고 합니다. 특히 기타, 바이올린, 첼로와 같은 현악기는 현(줄)의 상태에 따라 음이 많이 변하기 때문에 반드시 연주 전에 튜닝을 합니다. 현악기는 현의 굵기와 길이, 그리고 현을 당기는 세기 등에 따라 소리의 높낮이가 변합니다. 일반적으로 현의 굵기가 얇을수록, 길이가 짧을수록, 현을 당기는 세기가 셀수록 높은 소리가 납니다.

반면에 리코더, 플루트, 오보에 같은 관악기는 음의 변화가 작아서 공식적인 공연이 아니면 튜닝을 잘 하지 않지만, 관현악과 같이 여러 악기가 함께하는 공연에서는 반드시 튜닝의 과정을 거칩니다. 관악기는 관의 크기와 관에 난 구멍을 막는 위치에 따라 소리의 높낮이가 변합니다. 일반적으로 관의 크기가 클수록, 구멍을 많이 막을수록 낮은 소리가 납니다.

인성 선생님과 함께하는 영재성 키우기

최근에 만들어진 고속도로 중에는 운전자의 과속이나 졸음 운전을 방지하기 위해 '노래하는 고속도로' 구간이 있는 경우가 있습니다. 다음 물음에 답하세요.

노래하는 고속도로 안내표지판

노래하는 고속도로 바닥 모습

1 '노래하는 고속도로' 구간에서는 자동차가 규정 속도로 달리면 도로에서 노랫소리가 들립니다. 자동차가 이 구간을 달릴 때 소리가 나는 이유는 무엇인지 설명해 보세요.

| 소리가 나는 이유 |

2 자동차가 이 구간에서 규정 속도보다 더 빠른 속도로 달려 과속을 하게 되면 노랫소리가 어떻게 변할지 생각해 보세요.

| 과속했을 때 소리의 변화 |

8 소리는 어떻게 우리 귀로 전달되나요?

▶ 3학년 2학기 - 3. 소리의 성질

과학적 용어 알기

진공: 공기마저 없는 완전히 비어 있는 공간

우주 공간: 지구 대기권 밖의 공간으로, 진공이면서 동시에 중력이 작용하지 않는 곳

우주에서는 거대한 폭발이 일어나도 소리가 안 들려요

과학적 사실에 기초하여 잘 만들어진 영화로 〈인터스텔라〉가 있습니다. 이 영화에서는 **우주 공간**이 나올 때 아무런 소리가 들리지 않는 장면들이 있습니다. 특히 클라이맥스에서 악당이 우주선을 탈취하려다가 폭발하는 장면이 나오는데, 거대한 폭발이 일어나는데도 스피커가 고장 난 것처럼 아무 소리도 들리지 않습니다. 실제로 우주 공간에서는 아무 소리도 들리지 않을까요?

예, 맞습니다. 우주 공간에서는 아무 소리도 들리지 않습니다. 소리는 사람의 귀로 들을 수 있는 형태의 파동인데, 파동은 진동을 전달할 수 있는 물질이 있는 곳에서만 퍼져 나갈 수 있습니다. 그런데 우주 공간은 **진공**이라서 아무 물질도 없기 때문에, 파동이 전달되지 못하여 소리를 들을 수 없는 것입니다.

다양한 물질을 통해 전달되는 소리

나의 목소리를 녹음하여 들어 보면 내 목소리가 낯설게 느껴집니다. 내가 알고 있는 내 목소리가 아니라 다른 목소리로 들리기 때문입니다. 그 이유는 무엇일까요? 녹음된 목소리는 공기를 통해 전달된 소리로, 다른 친구들도 그 목소리를 듣습니다. 하지만 내가 듣는 내 목소리는 공기로 전달되는 목소리와 내 몸이 울리면서 들리는 소리가 합쳐져서 들린 소리입니다. 귀를 꽉 막으면 외부의 소리가 들리지 않습니다. 하지만 아무리 귀를 막아도 내 목소리는 들립니다. 내 몸이 울리면서 나는 소리가 곧바로 귀로 전달되기 때문입니다. 이 소리와 외부의 공기가 떨리면서 나는 소리가 합쳐져서 우리는 자신의 목소리를 듣는 것이지요. 이처럼 같은 소리도 어디를 통해서 듣는가에 따라 다르게 들립니다. 간단한 실험을 해 봅시다.

실험1 공기 소리와 책상 소리

1. 손으로 책상을 두드리며 소리를 들어 봅시다.
2. 똑같이 손으로 책상을 두드리는데, 이번에는 귀를 책상에 붙이고 소리를 들어 봅시다. 어떻게 다른가요?

그냥 책상을 두드릴 때는 책상이 진동하는 소리를 공기가 전달하여 우리 귀로 들어옵니다. 즉, 소리를 전달하는 매질이 공기입니다. 하지만 책상에 귀를 붙이고 소리를 들으면 책상을 두드리는 진동이 책상을 통해서 우리 귀로 들어오게 됩니다. 즉, 소리를 전달하는 매질이 책상입니다. 이처럼 같은 소리도 어떤 매질을 통해서 듣는가에 따라 다르게 들립니다. 재미있는 실험을 하나 더 해 볼까요?

실험2 목소리를 전자음처럼 듣기

준비물: 종이컵 2개, 긴 용수철, 접착 테이프

1. 종이컵 2개에 작은 구멍을 내어 긴 용수철의 양쪽 끝에 연결합니다.
2. 용수철 끝이 고정되도록 종이컵 안쪽에서 접착 테이프로 붙입니다.
3. 용수철이 조금 늘어날 정도의 거리에서 한 친구는 종이컵에 말하고 다른 친구는 종이컵을 귀에 대고 듣습니다. 어떻게 들리나요?

이 경우에는 종이컵에 말하는 소리가 용수철을 지나며 몇 번 중복되면서 전자음처럼 들립니다. 소리를 전달하는 매질이 용수철로 바뀌었기 때문에 다른 소리로 들리는 것입니다. 옛날 처음 기찻길이 만들어졌을 때는 기차가 자주 다니지 않았습니다. 그리고 기차 시간도 일정하지 않았죠. 그래서 기차가 오고 있는지를 확인하기 위해 기차 레일에 귀를 대고 확인했다고 합니다. 기차 레일은 고체이기 때문에 더 먼 곳의 소리를 더 빨리, 더 크게 들을 수 있었기 때문입니다. 실제로 소리는 공기와 같은 기체를 통해 전달되는 것보다 액체나 고체를 통과할 때 더 빠르게 전달됩니다.

핵심개념

- 소리가 전달되려면 진동을 전달해 주는 매질이 있어야 합니다.
- 매질이 무엇인가에 따라 소리가 다르게 들립니다.
- 소리가 전달되는 속도는 기체보다는 액체, 액체보다는 고체에서 더 빠릅니다.

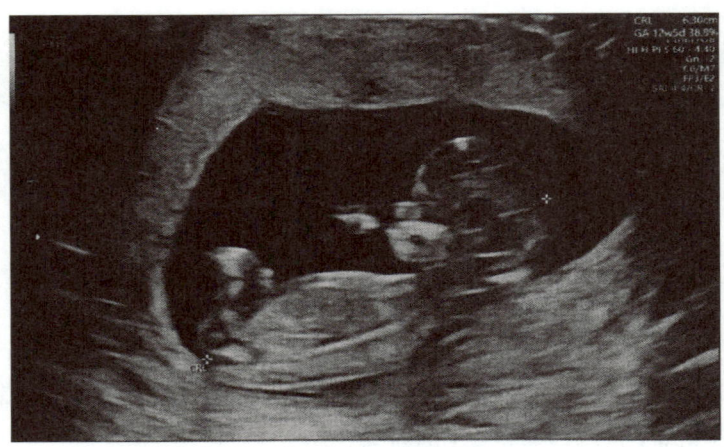

초음파 사진

사람이 들을 수 있는 소리보다 더 높은 음의 소리를 '초음파'라고 합니다. 초음파는 진동이 너무 빨라서 사람이 들을 수 없습니다. 하지만 어떤 동물들은 이런 초음파를 이용해서 살아가기도 하는데, 대표적인 동물이 박쥐와 돌고래입니다. 박쥐는 초음파를 발생시킨 후 앞에 있는 물체에 부딪쳤다가 되돌아오는 초음파를 통해 빛이 없는 동굴 속에서도 사람이 눈으로 보듯 앞의 상황을 판단할 수 있습니다. 심지어는 어둠 속에서도 초음파로 움직이는 먹이의 위치를 찾아내어 사냥하기도 합니다. 돌고래는 초음파를 이용해 다른 돌고래와 소통을 합니다. 사람이 사용하는 의료기기 중에도 초음파를 이용하는 것이 있습니다. 예를 들어 임신한 어머니의 배 속 태아의 모습을 볼 때 초음파를 쏘아 반사되는 초음파를 영상으로 만들어서 보여 줍니다. 초음파는 사람에게 해를 입히지 않으면서 눈으로 볼 수 없는 부분을 볼 수 있게 해 주기 때문입니다.

인성 선생님과 함께하는 영재성 키우기

박쥐는 빛이 없는 동굴에서 나방을 찾기 위해 사람이 들을 수 없는 영역의 초음파를 사용합니다. 다음 물음에 답하세요.

■ 박쥐가 발사한 초음파   ■ 반사되어 돌아온 초음파

1 박쥐가 초음파를 사용하여 나방을 찾을 때 사용하는 기관 두 가지를 써 보세요.

구분	나방을 찾을 때 사용하는 기관
①	
②	

2 사람이 나방을 보는 것과 박쥐가 나방을 찾는 것의 차이점 세 가지를 써 보세요.

구분	사람이 나방을 보는 것	박쥐가 나방을 찾는 것
①		
②		
③		

3 박쥐가 초음파를 활용하는 것처럼 사람들도 일상생활 속에서 초음파를 많이 활용하고 있습니다. 사람들이 초음파를 활용하는 사례 세 가지를 생각하여 써 보세요.

구분	초음파를 활용하는 사례
①	
②	
③	

4학년 1학기

- 자석의 이용
- 물의 상태 변화

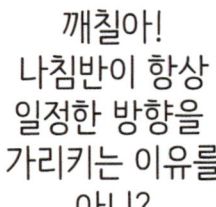

깨칠아! 나침반이 항상 일정한 방향을 가리키는 이유를 아니?

글쎄... 왜 그럴지?

그것은 바로 나침반이 자석의 성질을 가지고 있기 때문이야!

9. 생활 속에서 자석은 어떻게 이용되나요?

▶ 4학년 1학기 - 1. 자석의 이용

과학적 용어 알기

자석: 철로 된 물체를 끌어당기는 성질(자성)을 가지고 있는 물체 또는 도구
자석의 극: 자석에는 두 개의 극인 N극과 S극이 있고 자기장으로 둘러싸여 있음
자화: 물체가 자석의 성질(자성)을 가지게 되는 현상

자석의 발견

우리가 주변에서 자주 사용하고 있는 자석은 언제 어떻게 발견되었을까요? 자석의 발견에는 여러 가지 이야기가 있지만 가장 널리 알려진 이야기는 다음과 같습니다.

아주 오랜 옛날 그리스의 어느 마을에 마그네스라는 이름의 목동이 들판에서 양을 돌보며 살고 있었습니다. 그러던 어느 날 마그네스가 까만 돌을 하나 발견하였는데, 그 돌 위를 지나가자 신고 있던 신발의 못이 딱 달라붙어서 떨어지지 않는 것이었습니다. 이 돌이 바로 천연 자석인 **로드스톤**입니다. 이에 목동의 이름을 따서 자석을 **마그넷**이라고 부르게 되었다고 합니다.

한편, 자석이 아주 오래전 중국에서 처음 발견되었다는 이야기도 있습니다. 철을 끌어당기는 이상한 돌에서 발견된 자석은 중국에서 처음 발견되어 유럽으로 전해졌고 항해용으로 사용되었다고 합니다. 13세기 네덜란드의 학자 페토로스 페레그리누스는 자석이 남극과 북극을 가리킨다는 것과 같은 극끼리 서로 밀어내고 다른 극끼리 잡아당기는 성질이 있다는 것을 알아냈습니다. 그리고 영국의 의사인 윌리엄 길버트(1540~1603)가 자석에 관하여 체계적으로 실험하고 많은 연구 성과를 남겼습니다.

생활 속 자석의 이용

자석의 성질에 따라 생활 속에서 자석이 이용되는 예를 알아봅시다.

• 철로 된 물체를 끌어당기는 성질을 이용한 예

　　자석 클립 통　　　　자석 칠판　　　　　자석 다트　　　자석 핸드폰 거치대

• 같은 극끼리 서로 밀어내고 다른 극끼리 서로 끌어당기는 성질, 일정한 방향을 가리키는 성질을 이용한 예

　　고리자석 탑　　　　자석 블록　　　　자석 지구본　　　　나침반

이 외에도 우리가 생활 속에서 이용하고 있는 자석 용품은 자석 단추, 자석 걸고리, 자석 커튼, 자석 전단지, 자석 병따개, 냉장고 문, 자석 체스, 장구 자석 등이 있습니다.

> **핵심개념**
> - 자석은 철로 된 물체를 끌어당기는 성질, 일정한 방향을 가리키는 성질, 같은 극끼리는 서로 밀어내고 다른 극끼리는 서로 끌어당기는 성질 등을 가지고 있습니다.
> - 자석의 성질을 이용하여 다양한 생활용품을 만들 수 있습니다.

영구 자석(Permanent magnet)

영구 자석이란 강한 자화 상태를 오래 보존하는 자석을 말합니다. 자화된 물체라도 시간이 지나거나, 강한 충격을 받거나, 열을 받으면 원래 상태로 되돌아가서 자석의 성질을 잃어버리게 되는데, 영구 자석은 항상 자석의 성질을 가지고 있으며 극의 위치도 바뀌지 않습니다. 또한 자석의 세기를 조절할 수 없다는 성질도 있습니다. 우리가 흔히 말하는 자석이 바로 영구 자석입니다.

- **영구 자석의 종류**
    - 페라이트 자석: 자석 가루를 액체형 바인더와 섞어 형체를 만든 후 구운 자석으로, 자력이 약하고 쉽게 깨지는 단점이 있습니다. 보통 스피커나 자동차에 쓰입니다.
    - 알니코 자석: 알루미늄, 니켈, 코발트를 넣어 만든 자석입니다. 처음에는 자력이 세지만, 붙였다 떼었다를 자주 반복하면 자력이 점점 약해지는 단점이 있습니다.
    - 네오디뮴 자석: 네오디뮴으로 만든 것으로 잘 깨지지 않고 자력이 매우 강합니다.
    - 플라스틱 자석: 플라스틱에 자석 가루를 섞어서 만든 자석입니다. 플라스틱처럼 여러 가지 모양으로 만들 수 있는 장점이 있습니다.
    - 고무 자석: 고무에 자석 가루를 섞어서 만든 자석입니다. 가벼운 자석이 필요한 곳에 자주 쓰입니다.

일시 자석: 전자석(Electromagnet)

전자석은 원통 모양으로 감은 에나멜선에 전류를 흐르게 하여 만든 자석을 말합니다. 전자석은 전류가 흐르면 자석의 성질을 나타내고, 전류가 흐르지 않으면 자석의 성질을 나타내지 않습니다. 또한 전선에 흐르는 전류의 방향이 바뀌면 극이 바뀌는 성질도 가지고 있습니다.

전자석은 우리 생활 속 여러 곳에서 널리 사용되고 있는데, 대표적인 것이 전자석 기중기입니다. 전류가 흐르는 동안에만 자석이 되는 성질을 이용하여 무거운 철제품을 전자석에 붙여 원하는 곳까지 옮기도록 만든 것입니다. 즉, 전류가 흐르면 전자석 기중기에 자석의 성질이 나타나 철제품이 달라붙고, 반대로 전류가 흐르지 않으면 전자석 기중기에 자석의 성질이 사라져 철제품이 달라붙지 않습니다.

스피커나 전동기를 이용한 로봇 청소기도 전자석을 이용합니다. 이것은 전자석이 가진 같은 극끼리는 서로 밀고 다른 극끼리는 서로 끌어당기는 성질과, 전류가 흐르는 방향이 바뀌면 극이 바뀌는 성질을 이용하여 만든 것입니다.

인성 선생님과 함께하는 영재성 키우기

1 아래와 같은 모양의 막대가 있습니다. 이 막대가 자석인지 아닌지를 구분할 수 있는 방법을 다섯 가지 쓰고 그렇게 생각한 이유를 설명해 보세요.

구분	방법	그렇게 생각한 이유
①		
②		
③		
④		
⑤		

2 위 막대가 자석이라면 막대 밑에 바퀴를 달고 장난감 자동차를 만들 수 있습니다. 자석의 성질을 이용해서 이 장난감 자동차를 앞으로 움직이게 하는 방법을 세 가지 생각해 보세요.

구분	앞으로 움직이게 하는 방법(자석의 성질 이용)
①	
②	
③	

10. 나침반이 항상 일정한 방향을 가리키는 이유는 무엇인가요?

▶ 4학년 1학기 - 1. 자석의 이용

과학적 용어 알기

자기력: 자석의 자극과 자극 또는 자석과 쇠붙이 사이에 작용하는 힘
자기장: 자석에 의해 자기력이 작용하는 공간
나침반: 자석의 성질(자침이 남북을 가리키는 특성)을 이용하여 방위를 알 수 있도록 만든 기구

나침반이 없었던 옛날에는 어떻게 방향을 알 수 있었을까요?

나침반은 우리가 방향을 알기 위해 사용해 온 물건입니다. 그런데 나침반이 없었던 아주 먼 옛날에는 어떻게 방향을 알 수 있었을까요? 선조들이 활용했던 것은 바로 자연 현상을 이용하는 방법이었습니다.

낮에는 태양의 위치를 이용하고 밤에는 별자리를 보며 방향을 찾아냈습니다. 오전에는 태양이 동쪽에 위치하고 정오에는 남쪽, 오후에는 서쪽에 위치를 하니, 낮에는 이를 보고 대략적인 방향을 짐작할 수 있습니다. 밤에는 북두칠성 별자리와 카시오페이아 별자리를 이용해서 북극성을 찾아 북쪽을 알 수 있습니다. 하지만 정확한 시간을 알 수 없었을뿐더러 구름이 넓은 영역에 펼쳐져 있거나 비와 눈이 내리는 날에는 방향을 알기가 어려웠습니다. 이 외에도 나무가 무성하게 자란 방향, 건물의 창문이 많은 방향, 나무의 잘린 기둥에서 나이테가 넓은 방향, 바위에서 이끼가 자라 있는 반대 방향 등이 대략 남쪽 방향이 될 가능성이 컸지만, 이것 역시 정확한 방향은 아니었습니다.

그래서 우리는 정확한 방향을 알기 위해서 항상 나침반을 사용하고 있습니다. 왜냐하면 나침반의 바늘(자침)은 자석으로 되어 있어서 S극은 지구의 남쪽을, N극은 지구의 북쪽을 가리키기 때문입니다. 그리고 나침반이 이렇게 일정한 방향을 가리키는 이유는 우리가 살고 있는 지구가 **거대한 자석**이기 때문입니다.

나침반 바늘이 항상 일정한 방향을 가리키는 이유

자석을 나침반 주변에 가까이 가져가면 나침반 바늘(자침)이 어떻게 움직이는지, 나침반 바늘(자침)이 가리키는 방향을 관찰해 봅시다.

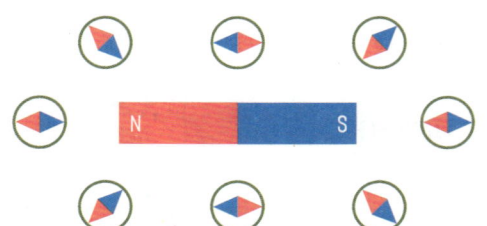

- 나침반 바늘(자침)의 빨간색은 N극
- 나침반 바늘(자침)의 파란색은 S극

나침반을 놓은 자리 중앙에 막대자석을 가져가면 그림과 같이 나침반 바늘(자침)이 움직입니다. 나침반 바늘(자침)의 N극은 막대자석의 S극을 가리키고, 나침반 바늘(자침)의 S극은 막대자석의 N극을 가리킵니다.

자석의 다른 극끼리는 서로 끌어당기고 같은 극끼리는 서로 밀어내는 것처럼 막대자석과 나침반 바늘도 자석이기 때문에, 서로 끌어당기거나 밀어냅니다. 또한 나침반 바늘과 같은 자석도 일정한 방향을 가리키는 성질이 있습니다.

이때 나침반 바늘의 N극이 지구의 북쪽 방향을 일정하게 가리키는 까닭은 지구 자체가 거대한 자석이라서 나침반 바늘의 N극이 지구 자기장에 영향을 받기 때문입니다.

핵심개념

- 나침반 바늘(자침)은 항상 일정한 방향을 가리킵니다.
- 지구에는 커다란 자기장이 있습니다. 지구 자체가 하나의 커다란 자석이라고 볼 수 있으며, 지구의 북극은 S극, 남극은 N극을 띠고 있습니다. 이러한 지구 자기장의 영향으로 나침반의 바늘(자침)의 N극은 북쪽 방향을, S극은 남쪽 방향을 가리키게 됩니다.
- 나침반 바늘(지침)은 자석이므로, 지구 자기장보다 더 센 자기장을 가진 자석을 가까이 가져가면 나침반 바늘이 가까이에 있는 자석에 반응하여 움직입니다.

자기장(Magnetic field)

자석이나 전류는 그 주위에 자기력이 작용하는 공간을 만드는데, 이러한 공간을 **자기장**이라고 합니다. 예를 들어 막대자석 주위에 철 가루를 뿌리면 철 가루가 자석을 에워싸는 질서 정연한 선 모양으로 늘어서는 것을 볼 수 있습니다. 이와 같이 자기력이 작용하는 자석 주위의 공간이 자기장이 됩니다. 자기력선에 의해 자기장의 모양이 나타나는데, 자기력선은 막대자석의 한쪽 극에서 나와 자석 주위를 돌아서 다른 쪽 극으로 들어갑니다(N극 → S극).

자석 외부의 자기장 방향은 N극에서 S극 쪽이며, 자기력선이 촘촘할수록 자기장의 세기가 더 강합니다. 따라서 자기장의 세기는 극 쪽에서 가장 세다고 할 수 있습니다.

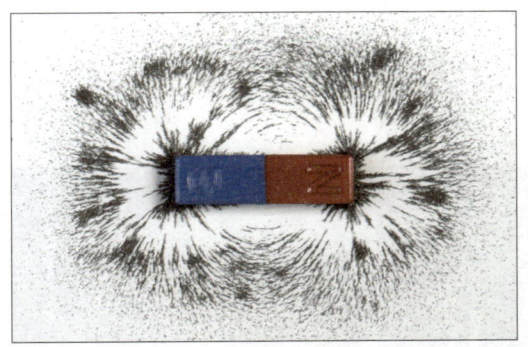

막대자석 주위의 철 가루 모습

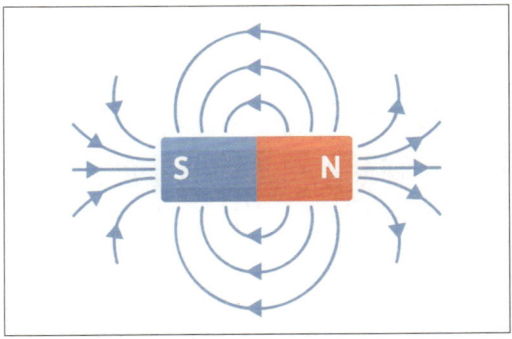

자기력선 모양

나침반 또는 자석이 없을 때 방향 찾기

• **태양이 떠 있는 낮에 방향 찾기**

먼저, 그림자가 잘 보이는 평평한 바닥에 작은 막대기를 세워 둡니다. 막대기 그림자 끝을 표시한 후 10~15분 정도 시간이 흐른 뒤에 이동한 그림자의 끝을 표시하여 두 점을 연결합니다. 그러면 처음 표시한 쪽이 서쪽 방향이고 나중 표시한 쪽이 동쪽 방향이 됩니다.

① 막대기를 세우고 그림자 끝 표시하기

② 10~15분 정도 기다리기

③ 위치가 변한 그림자 끝 표시하기

④ 처음 표시가 서쪽, 나중 표시가 동쪽

- **태양이 지고 난 후 밤하늘에서 방향 찾기**

밤에는 태양을 이용하여 방향을 찾기가 불가능합니다. 그래서 밤하늘에 있는 별을 이용해서 방향을 찾습니다. 별은 일주 운동에 의한 움직임을 제외하고는 천구상에서 정해진 위치에 있기 때문에, 방향을 찾는 데 도움을 줍니다.

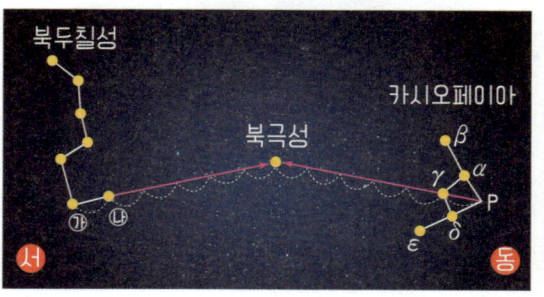

우리는 현재 북반구에 살고 있으므로 북극성을 이용하여 북쪽을 찾을 수 있습니다. 북극성의 별자리는 큰곰자리의 북두칠성 별자리와 카시오페이아 별자리를 이용하여 찾을 수 있습니다.

※ 천구: 관측자를 중심으로 모든 천체를 투영하여 나타낸 가상의 구

인성 선생님과 함께하는 영재성 키우기

1 아래와 같은 모양의 나침반을 만들려고 합니다. 나침반의 가운데 있는 바늘이 갖추어야 할 조건을 세 가지 써 보세요.

구분	나침반의 바늘이 갖추어야 할 조건
①	
②	
③	

11. 물이 얼음이 되면서 나타나는 변화

▶ 4학년 1학기 - 2. 물의 상태 변화

과학적 용어 알기

부피: 물질이 차지하고 있는 공간
동파: 수도관 등에 물이 얼어서 파손되는 현상

냉동실 속 페트병

축구를 좋아하는 깨칠이는 다음날 친구들과 축구를 하기로 약속했습니다. 시원한 얼음을 가져가고 싶었던 깨칠이는 냉동실에 물이 들어 있는 500 mL 페트병 3개를 세워 두었습니다. 하루가 지난 후 냉동실에 얼려 둔 페트병을 꺼내기 위해 문을 열었을 때, 페트병은 어떻게 되어 있었을까요?

페트병에 담아 세워 둔 얼리기 전 물병

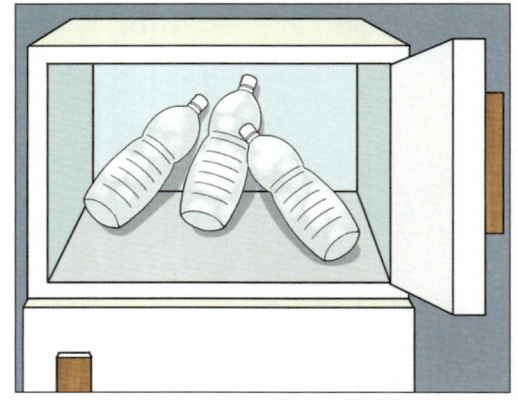

냉동실 안에서 엎어진 얼음 물병

아마도 냉동실 안에서 기울어지거나 엎어진 페트병을 볼 수 있을 것입니다. 왜 그런 걸까요? 그 이유는 액체 상태의 물이 얼음이 되면서 그 부피가 커졌기 때문입니다. 물이 얼음이 되면서 더 많은 부피를 차지하려다 보니 페트병이 부풀어 오르게 되고, 평평했던 바닥이 둥글게 돌출되어 페트병이 기울어지거나 엎어지게 된 것입니다.

물이 얼음이 되면서 나타난 부피 변화(실생활의 예)

추운 겨울에 수도관의 물이 얼면, 늘어난 부피 때문에 수도관에 연결된 계량기가 터지기도(파손되기도) 합니다. 그리고 건물 내에 화재를 대비하여 설치된 스프링클러와 소화전이 **동파**(수도관 등이 얼어서 터지는 현상)되는 일이 일어나기도 합니다.

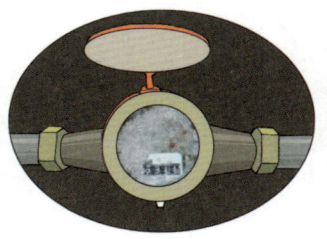 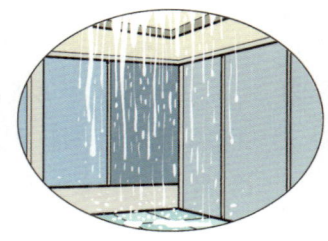 

수도 계량기 동파 　　　스프링클러 동파 　　　소화전 동파

핵심개념

- 대부분의 물질은 고체 상태일 때보다 액체 상태에서 부피가 더 크지만, 물의 경우에는 액체 상태인 물에서보다 고체 상태인 얼음에서 부피가 더 큽니다.
- 추운 겨울, 물이 얼어 얼음이 되면 부피가 늘어나기 때문에, 수도관 계량기, 스프링클러, 소화전이 동파되는 사고가 일어나기도 합니다.

물이 얼면 부피가 늘어나는 이유는?

부피는 물질이 차지하는 공간을 의미합니다. 물질이 차지하는 공간은 물질을 이루는 입자 간의 구조에 많은 영향을 받습니다. 대부분의 물질들은 액체보다 고체 상태일 때 입자 간의 거리가 더 가깝기 때문에, 같은 질량일 경우 고체에서 부피가 작게 나타납니다.

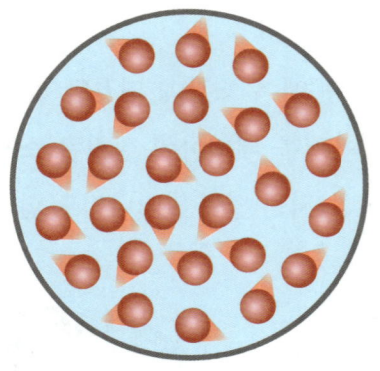 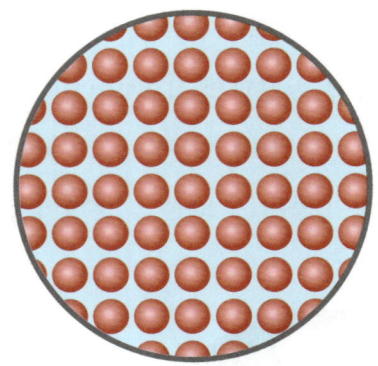

액체 입자의 배열과 움직임   고체 입자의 배열과 움직임

액체와 고체의 입자 배열과 움직임(물 제외)

하지만 물의 경우에는 고체 상태의 얼음이 될 때 부피가 더 커지게 됩니다. 물을 이루는 입자들은 얼음이 되면서 육각형 구조를 이루게 되는데, 가운데 빈 공간이 형성되어 액체 상태일 때보다 더 큰 부피를 차지하기 때문입니다.

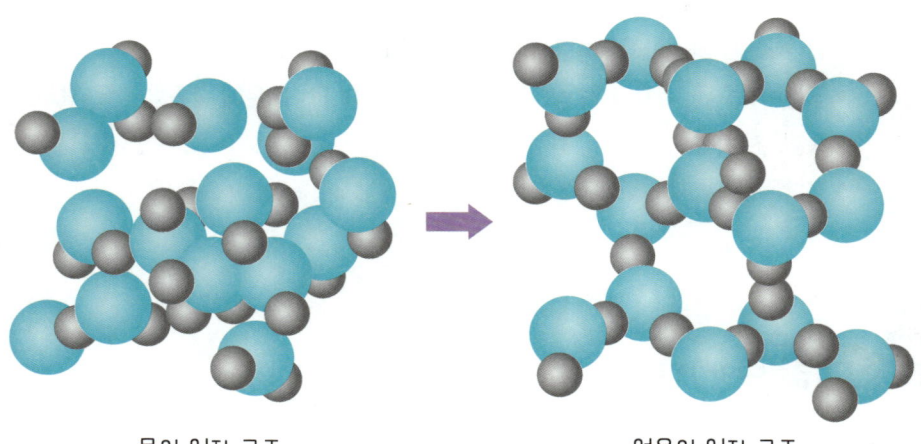

물의 입자 구조   얼음의 입자 구조

물과 얼음에서의 입자 배열

물의 온도에 따른 부피 변화와 밀도 변화

물은 4 ℃일 때 부피가 가장 작으며 밀도(일정한 부피당 무게)가 가장 크게 나타납니다. 0 ℃ 이하로 내려가 얼음이 되면 부피가 증가하기 때문에 얼음이 물보다 밀도가

작아져서 물 위에 뜨게 됩니다.

물 위에 떠 있는 빙하

인성 선생님과 함께하는 영재성 키우기

1 그림과 같이 얼음이 들어 있는 500 g의 페트병을 상온에 두고, 얼음이 녹아 물이 되었을 때 물의 질량과 물의 부피를 예상해 보세요.

| 얼음 | 얼음이 녹아 물이 되었을 때 |

2 시원한 물에 얼음을 넣으면, 얼음이 물 위에 뜨게 됩니다. 그리고 추운 겨울철에 강이나 호수는 표면부터 얼어 버립니다. 그 이유를 과학적으로 설명해 보세요.

| 이유 설명 |

3 우리 주변에서 나타날 수 있는 다양한 동파 사고의 예를 찾아보고, 동파 사고를 방지하기 위한 방법들에 대해 생각해 보세요.

| 동파 사고의 예 | 동파 사고를 방지하기 위한 방법 |

12 컵 안의 물과 컵 밖의 물

▶ 4학년 1학기 - 2. 물의 상태 변화

과학적 용어 알기

기화: 액체가 기체가 되는 현상으로, 증발과 끓음이 있음
증발: 액체 표면에서 액체가 기체가 되는 현상
끓음: 액체의 표면과 내부에서 액체가 기체가 되는 현상
응결: 기체가 액체로 변하는 현상

증발과 끓음

축구를 좋아하는 깨칠이는 비가 내리는 날을 무척이나 싫어합니다. 비가 내리는 아침, 우산을 쓰고 등교하던 깨칠이는 운동장에 물이 고여 있는 것을 보고 오늘은 축구를 하지 못하겠다는 생각에 속상했습니다. 하지만 금세 비가 그치고 햇빛이 나더니 어느 정도 시간이 지난 후에는 운동장이 뽀송하게 말랐습니다. 깨칠이는 축구를 할 수 있게 되어 기분이 좋아졌습니다. 그런데 운동장에 고여 있던 물은 어디로 간 것일까요?

비가 내리는 운동장

→ 몇 시간 후

비가 그친 후 운동장

비에 젖었던 운동장의 물은 대부분 수증기가 되어 공기 중으로 퍼져 나갔습니다. 그래서 운동장이 마르게 된 것입니다. 이렇게 액체 상태의 물이 기체 상태의 수증기로 변화는 현상을 **기화**라고 하며, 기화에는 '증발'과 '끓음'이 있습니다. **증발**은 물의 표면에서 물이 수증기로 변화되는 현상이고, **끓음**은 물의 표면과 물속에서 물이 수증기로 변화되는 현상입니다.

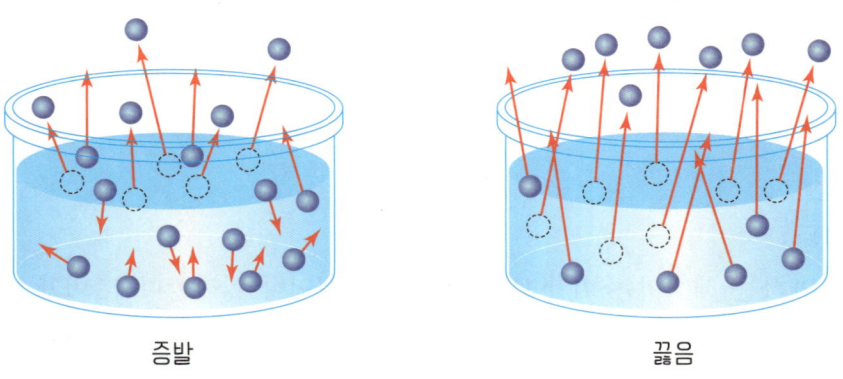

증발　　　　　　　　　끓음

같은 양의 물을 증발과 끓음이 일어나도록 하였을 때, 물의 양이 더 빨리 감소하는 것은 어느 쪽일까요? 끓음이 일어나는 쪽에서 물의 양이 더 빨리 줄어들게 됩니다. 그 이유는 증발은 물의 표면에서만 기화가 일어나지만, 끓음은 표면뿐만 아니라 물속에서도 수증기로의 상태 변화가 일어나기 때문입니다.

컵 안의 물과 컵 밖의 물

깨질이는 친구들과 축구를 하고 컵에 들어 있는 시원한 얼음물을 마신 뒤, 남은 물컵을 책상 위에 두었습니다. 그러자 얼마 뒤에 컵 표면에 물방울이 생기는 것을 볼 수 있었습니다. 이 물방울들은 어디서 온 것일까요? 얼음이 든 컵이 새고 있는 것일까요? 컵 안의 물과 컵 밖의 물은 어떤 차이가 있을까요?

컵 표면에 물방울이 생긴 이유는 공기 중의 수증기가 컵

표면에 닿아 차가워졌기 때문입니다. 그 때문에 생기기 시작한 작은 물방울들이 모여서 점점 더 큰 물방울이 된 것이지요. 즉, 컵 표면의 물방울은 컵 안의 물과 달리 공기 중에 있던 수증기가 물로 변한 것으로, 이처럼 수증기가 물로 변하는 현상을 **응결**이라 합니다. 뜨거운 냄비 뚜껑 안쪽에 맺힌 물방울, 목욕탕에 들어갔을 때 안경에 맺힌 물방울은 모두 수증기의 응결로 인해 나타난 현상입니다.

- 증발은 액체 표면에서, 끓음은 액체 표면과 내부에서 기화되는 현상입니다.
- 공기 중의 수증기가 차가운 물질에 부딪히면 응결되어 물방울이 맺힙니다.

물의 상태 변화와 열 출입

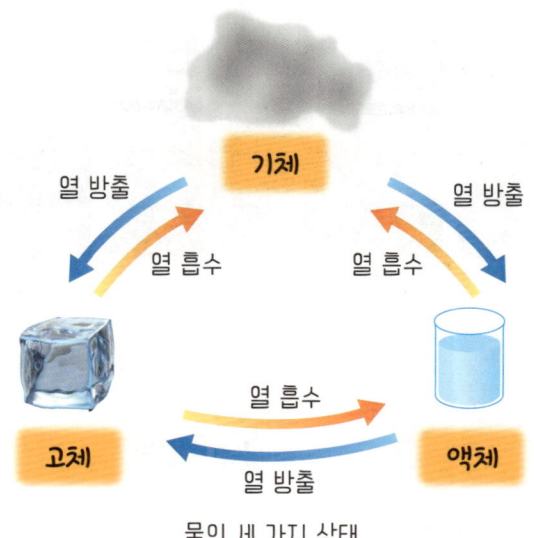

물의 세 가지 상태

물은 온도와 압력에 따라 얼음, 물, 수증기로 변화합니다. 이렇게 상태가 변하게 되면 열을 흡수하거나 방출합니다. 같은 조건에서 열을 가할수록 얼음에서 물, 물에서 수증기로 변화하려 하며, 열을 빼앗기면 수증기에서 물, 물에서 얼음으로 변하게 됩니다. 이렇게 물질의 상태가 고체, 액체, 기체로 변하는 것을 상태 변화(상변화)라고 합니다.

결로 현상의 원인과 예방법

창문에 뿌옇게 습기가 차고, 물방울이 맺히는 현상을 '결로'라고 합니다. 이러한 결로는 응결 현상의 하나로 추운 겨울철에 자주 볼 수 있으며, 결로가 생긴 창문과 벽면 등에는 습해진 환경으로 인해 곰팡이가 생기기 쉽습니다. 이렇게 생긴 곰팡이는 미관은 물론 기관지와 피부 등 건강에 피해를 주기도 합니다. 결로 현상을 방지하기 위해서는 충분한 환기와 통풍을 통해 실내에 있는 수증기를 외부로 배출시키고, 적절한 습도가 유지되도록 해야 합니다.

창문에 생긴 결로 현상

인성 선생님과 함께하는 영재성 키우기

1 고체 상태의 얼음에 열을 가하면 액체 상태인 물을 거쳐 기체 상태인 수증기가 됩니다. 그러나 추운 겨울철에는 꽁꽁 얼어붙은 빨래가 마르는 것처럼, 얼음이 액체를 거치지 않고 기체로 변해 버리는 승화 현상이 나타나기도 합니다.

우리 주변에서 얼음의 승화 현상을 이용한 다른 예를 찾아보세요. 그리고 얼음 이외에 승화 현상을 보이는 물질들에 대해서도 조사해 보세요.

얼음의 승화 현상을 이용한 예	승화 현상을 보이는 물질

75

인성 선생님과 함께하는 영재성 키우기

2 눈이 내리는 날은 날씨가 포근하게 느껴진다고 합니다. 그 이유를 물의 상태 변화에 따른 열 출입으로 설명해 보세요.

눈이 내리는 날에 날씨가 포근하게 느껴지는 이유

3 결로 현상은 공기 중의 더운 수증기가 차가운 벽에 달라붙어 발생하는 현상입니다. 우리 주변에서 결로 현상이 생긴 곳을 찾아보고 결로 현상을 해결하기 위한 방법에 대해 생각해 보세요.

결로 현상이 생긴 곳	
해결하기 위한 방법	

13 물은 어떻게 순환할까요?

▶ 4학년 1학기 - 2. 물의 상태 변화

과학적 용어 알기

물의 순환: 물의 상태가 변하면서 육지, 바다, 공기, 생명체 사이를 끊임없이 이동하는 현상
(물의 순환은 지구 전체에서 연속적이고 동시다발적으로 끊임없이 이루어지고 있음)

응결: 따뜻한 공기가 차가운 공기와 만나 식으면서 수증기가 물방울과 같은 액체 상태로 바뀌는 현상

물의 여행

우리가 알고 있는 물은 한곳에 머물러 있지 않고, 고체, 액체, 기체로 모습을 바꾸면서 지구 안에서 순환 여행을 하고 있습니다. 바다와 육지에 있는 물은 햇빛을 받으면 수증기로 모습이 변하여 공기 중으로 퍼져 나갑니다. 공기 중의 수증기는 하늘 높이 올라가 **응결**되어 구름이 되고, 응결된 수증기가 무거워지면 비나 눈이 되어 다시 바다와 육지로 떨어집니다. 이 중에서 바다로 떨어진 물은 다시 증발하여 처음의 과정을 반복하지만, 땅 위에 떨어진 물은 강을 이루어 바다로 흘러가기도 하고, 동물(사람 포함)이나 식물이 먹거나 사용하기도 하며, 땅속으로 스며들어 지하수가 된 후 바다로 흘러가기도 합니다. 이렇게 지구상의 물은 햇빛(태양)에 의해 순환하며 날씨와 관련된 여러 기상 현상을 일으키고, 지표면의 모습을 변화시키거나 생명체가 살아갈 수 있도록 도와줍니다.

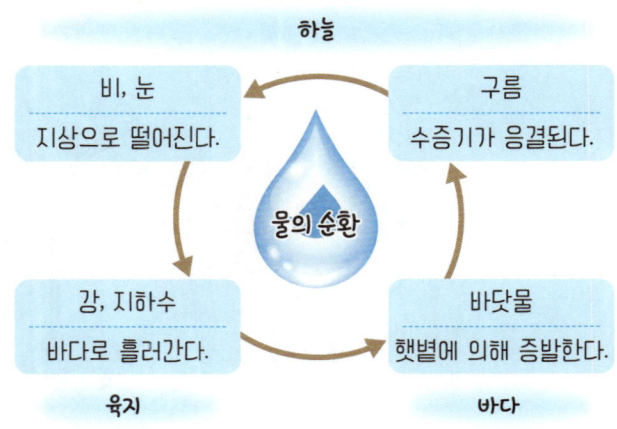

물의 순환 과정 실험해 보기

• 실험 준비물

  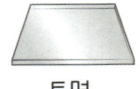

사각 수조 　 모래 　 물 　 투명 아크릴판 　 전등(열 전구 150W) 　 조각 얼음이 든 지퍼 백 　 실험용 장갑 　 면장갑 　 실험복

실험1

1. 사각 수조에 모래를 1/3 정도 넣은 후 수조의 한쪽으로 쌓아 경사지게 만듭니다. 물은 모래가 반(1/2) 정도 잠길 높이만큼만 채웁니다.

2. 사각 수조 위에 투명 아크릴판을 덮고, 전등을 물이 있는 부분에 비추도록 설치합니다.

3. 물에 잠기지 않은 모래 부분의 투명 아크릴판 위에 조각 얼음이 든 지퍼 백을 놓아두고 사각 수조 안에서 일어나는 현상을 관찰해 봅니다.

4. 약 30분 정도 지난 뒤 투명 아크릴판 아래에 물방울이 맺히면 전등을 끄고, 투명 아크릴판을 손으로 툭툭 쳐서 물방울을 떨어뜨려(내리는 비 또는 눈의 역할) 봅니다.

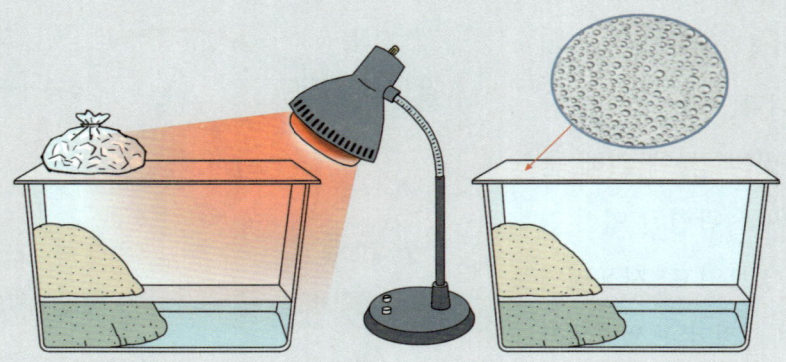

실험2 대체 실험

순서 및 과정

1. 지퍼 백 겉표면에 유성 펜으로 물의 순환 과정을 그리거나 스티커를 붙입니다.
2. 파란색 색소를 탄 얼음을 투명 컵 안에 넣고 지퍼 백에 넣습니다.
3. 햇볕이 잘 드는 창에 붙이거나 걸어 두고 일어나는 현상을 관찰합니다.

- [실험 1, 2]의 결과

실험 1	실험 2(대체 실험)
수조 안이 뿌옇게 되고, 육지 부분의 투명 아크릴판 아래에 물방울이 맺힌다.	지퍼 백 안이 뿌옇게 되면서 물방울이 맺힌다.
공통점	맺혀 있는 물방울을 건드리면 떨어지거나 흘러내린다.

- 육지의 물은 바다로, 바다의 물은 대기로, 대기의 물은 다시 육지와 바다로 끊임없이 이동하며, 동시다발적으로 상태를 바꾸어 순환합니다.
- 물은 세 가지 상태인 고체, 액체, 기체로 존재하며 고체와 액체 상태의 물은 눈에 보이지만 기체(수증기) 상태의 물은 보이지 않습니다.

지구에서의 물이란?

물은 지구의 생명체들이 살아갈 수 있게 하는 중요한 자원이자 우리 지구를 지구답게 만들어 주는 요소입니다. 지구 밖 우주 공간에서 지구를 바라봤을 때 지구가 푸른 빛을 보이는 이유도 지구 표면의 75%를 덮고 있는 바닷물이 햇빛에 반사되어 보이기 때문입니다. 또한 물은 자연 상태에서 다양한 모습으로 존재합니다. 강과 바다를 이루거나 땅 밑에서 흐르는 액체 상태의 물, 극지방이나 높은 산 위에서 고체 상태의 빙하나 만년설의 형태를 띠는 물, 대기에서 기체 상태의 수증기로 존재하는 물이 있습니다. 그리고 지구상에 존재하는 모든 생물들의 몸체 중 상당 부분을 물이 차지하고 있을 만큼, 물은 지구에서 없어서는 안 될 매우 중요한 자원입니다.

지구(자연)에서 물의 상태

액체 상태		고체 상태		기체 상태
강	바다	빙하	만년설	수증기(대기)

인성 선생님과 함께하는 영재성 키우기

1 깨칠이와 친구들은 '물의 순환' 과정을 실험하기 위해 다음과 같은 순서로 실험을 준비했습니다.

준비물: 지퍼 백, 유성펜, 투명한 플라스틱 컵, 파란색 색소를 탄 얼음 6개, 접착 테이프

실험 과정

1. 지퍼 백 겉표면에 유성펜으로 물의 순환 과정을 그리거나 스티커를 붙입니다.
2. 파란색 색소를 탄 얼음 6개를 투명 컵 안에 넣고 지퍼 백에 넣습니다.
3. 공기가 통하지 않게 지퍼 백을 완전히 잠급니다.
4. 지퍼 백을 햇볕이 잘 드는 창에 붙이거나 걸어 두고 어떤 현상이 일어나는지 관찰합니다.

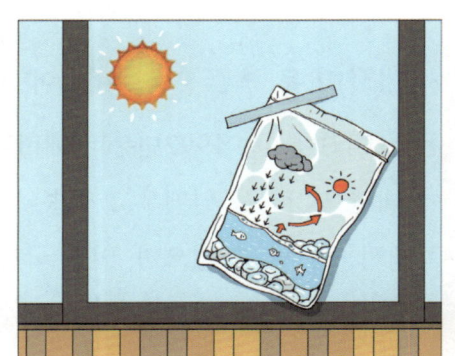

약 3~4일 후 투명한 플라스틱 컵과 지퍼 백 안에서 일어나는 현상을 예상하여 '물의 순환'과 관련지어 설명해 보세요.

현상	현상 설명
투명 플라스틱 컵 안쪽 모습	
투명 플라스틱 컵 바깥쪽 모습	
지퍼 백의 무게 변화	
지퍼 백 안의 모습 변화	

14 우리나라는 물 부족 국가인가요?

▶ 4학년 1학기 - 2. 물의 상태 변화

과학적 용어 알기

담수(민물): 염분이 거의 없어 짜지 않은 물을 뜻함(예시: 호수, 강, 지하수 등)
해수(바닷물): 바다를 이루는 물로, 소금을 비롯한 다양한 무기염류들이 녹아 있는 물을 뜻함(지구 전체 물의 약 97.5%를 차지함)

세계적인 물 부족 현상 때문에 제정된 '세계 물의 날'

유엔(UN)에서는 1992년부터 해마다 3월 22일을 '세계 물의 날'로 지정하고 물 부족에 대한 경각심을 일깨우고 있습니다. '세계 물의 날'은 지구상의 모든 국가가 물 부족에서 벗어날 수 없으며, 이를 국제적으로 함께 노력하지 않으면 해결할 수 없다는 점을 알리기 위한 날입니다. 또한 수자원을 보호하고 안정적으로 깨끗한 물을 공급하는 것이 인류의 복지에 매우 중요하다는 사실을 인식시키고, 각 나라마다 수자원 보호를 위한 적극적인 협력과 참여를 이끌어 내고 있습니다. 우리나라 역시 세계적인 추세에 발맞춰서 1995년부터 '세계 물의 날'을 기념하고 있습니다.

세계적으로 담수가 점점 더 부족해지고 있는 이유가 무엇일까요? 그 이유는 산업화와 인구 증가 등으로 인하여 수질이 오염되고, 급격한 기후 변화로 수자원(담수)이 고갈되고 있기 때문입니다.

물 부족 현실

· 우리나라는 물 부족 국가인가?

2019년 세계 물 보고서의 '국가별 물 스트레스 수준'에 따르면, 우리나라는 물 스트레스 지수가 25~70%인 물 스트레스 국가로 분류되고 있습니다. 이는 물 부족 국가와는 다른 의미로, 사용 가능한 수자원(담수) 대비 물 사용 비율이 높은 국가를 뜻합니다. 실제로 우리나라는 국토 면적이 좁고 산지가 많으며 인구 밀도가 높은 편인데,

그에 비해 강우량이 여름철에 집중되어 있어 실제로 이용 가능한 수자원(담수)이 부족합니다. 그리고 무엇보다도 우리나라 국민들은 사용하는 담수의 양이 매우 많습니다(우리나라 1인당 물 사용량은 280 L로 유럽 국가들의 2배 수준임).

• 국가별 물 스트레스 수준

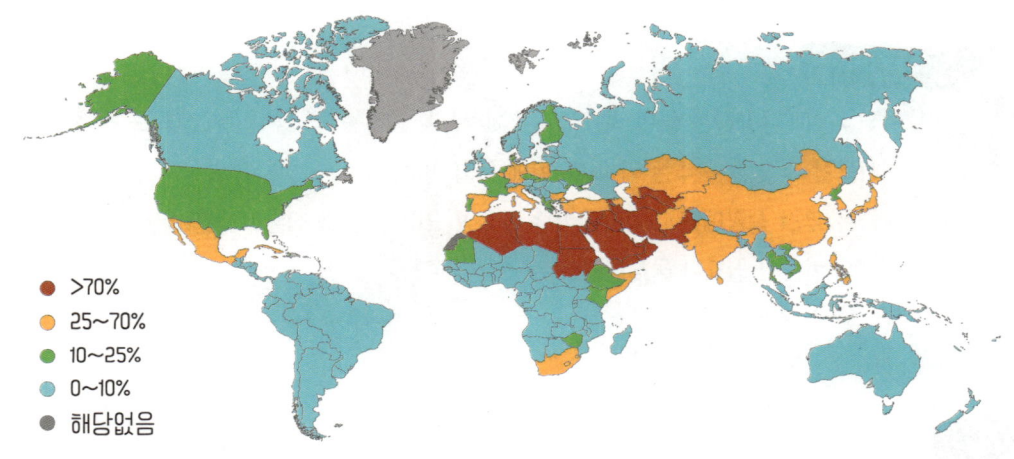

• 지구에서 물의 비율

우리가 생활하고 있는 지구는 태양계에서 유일하게 물이 풍부한 행성입니다. 그러나 지구상에 존재하는 전체 물 가운데 약 97.5%를 바닷물이 차지하고 있기 때문에, 사람들이 바로 담수로 이용하기가 어렵습니다. 지구 전체의 물 중에서 담수는 약 2.5%

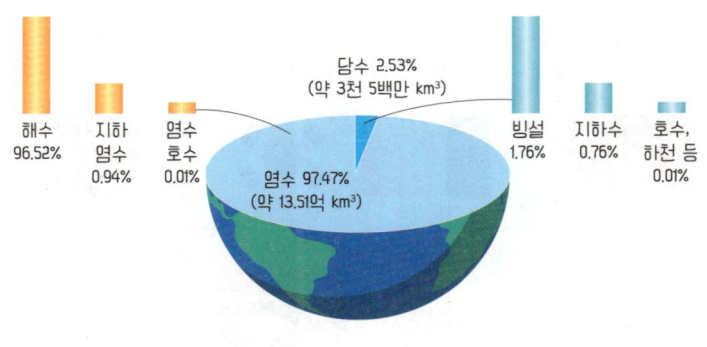

지구상의 물 분포

인데, 이마저도 거의 대부분은 지하 깊은 곳에 위치한 지하수이거나 극지방의 얼어 있는 빙하나 높은 산맥의 만년설입니다. 사람들이 쉽게 이용할 수 있는 담수인 호수, 하천, 지표에 가까운 지하수 등은 지구 전체 물의 0.01%에 지나지 않습니다. 결국 지구는 물이 풍부한 행성이지만 정작 사람들이 **이용할 수 있는 물은 매우 적다**고 할 수 있습니다.

- 지구상에 존재하는 물의 약 97.5%는 해수이며 담수는 약 2.5%인데, 실제로 사람들이 사용할 수 있는 담수는 약 0.01% 밖에 되질 않습니다.
- 물은 우리 생활에서 다양하게 이용되고 있으며, 동물과 식물이 생명을 유지하기 위해서 반드시 필요한 물질입니다.

PAI(국제인구행동연구소, Population Action International) 국가 분류 기준

1인당 사용할 수 있는 연간 수자원(담수)량을 기준으로 1,700 m³ 이상이면 물 풍요 국가, 1,000~1,700 m³ 범위는 물 스트레스 국가, 1,000 m³ 미만일 때는 물 기근 국가로 분류합니다.

수자원(담수) 부족의 발생 원인

- **기후 변화**: 기후 변화가 적도 근처의 좁은 열대 강우 지역(기후 벨트)을 위아래로 불균형적으로 이동시키면서, 수십억 인구의 물과 식량 안보를 위협하고 있습니다.
- **마른 우물**: 전 세계의 우물이 점점 말라 가고 있습니다. 전 세계의 우물의 약 20%가 지하수 수위보다 크게 깊지 않아서, 지하수가 조금만 말라도 우물들도 함께 말라 버립니다.
- **강과 하천의 수위 감소**: 물을 통제하려는 사람들의 욕심 때문에 댐과 좁은 수로를 건설하면서, 전 세계의 강과 하천들이 말라 가고 있습니다.

우리나라가 물 부족을 느끼지 못하는 이유는?

우리나라 국민들이 물 부족을 크게 느끼지 못하는 까닭은 강과 하천에 큰 스트레스를 줄 만큼 많은 양의 담수를 끌어서 사용하고 있고, 평상시 다른 국가에서 많은 양의 가상수를 수입하고 있기 때문입니다. 참고로 우리나라는 일본, 네덜란드에 이어 세계에서도 손꼽히는 **가상수** 수입 국가입니다. 그러므로 지금처럼 우리나라 국민들이 수자원(담수)을 풍족하게 사용하는 일은 오히려 지구 환경에 악영향을 끼치고 있는 것입니다. 여기서 **가상수**란 제품을 생산·유통·소비하는 과정에서 사용되는 모든 물을 말합니다. 예를 들어 우유 1 L를 생산하는 데 물이 1,000 L가 사용된다고 한다면, 우리나라가 우유를 1 L 수입할 경우 물 1,000 L를 절약한 것이 됩니다. 하

지만 이때 절약된 물은 다른 국가에서 수입한 것으로 볼 수 있으므로, 이것을 **가상수(Virtual water)** 교역이라고 합니다. 또한 가상수를 '물 발자국'으로도 표현하는데, 일상생활에서 사용하는 생활용수, 우리가 소비하는 농산물·공산품 등의 생산에 들어가는 물까지 포함한 개념이 **물 발자국(Water footprint)**입니다.

물 부족 현상 해결하기

- 물을 아껴 쓰는 방법

  - 물의 양을 조절할 수 있는 장치가 있는 변기를 사용합니다.
  - 세수나 양치를 할 때 물을 받아서 사용합니다.
  - 평소 샤워 시간을 줄이도록 노력합니다(샤워 시간을 2분 줄이면 약 24L의 물 절약).
  - 물을 사용한 후 수도꼭지는 반드시 잠급니다.
  - 세탁기나 식기세척기는 가능하면 중량을 채워서 사용합니다.

- 깨끗한 물을 모으거나 보존하는 방법(적정 기술)

  - **와카 워터(Warka water)**: 그물 모양의 망으로 공기 중의 수증기를 모으는 장치.
  - **솔라 볼(Solar ball)**: 작은 공 모양의 정수기로 태양을 이용한 적정 기술 장치.
  - **워터 콘(Water cone)**: 태양열 증발 정수기로 깨끗한 물을 모을 때 사용하는 장치.
  - **라이프 스트로우(Life straw)**: 오염도가 심하게 혼탁한 물도 효과적으로 정수할 수 있는 휴대용 정수 장치(빨대).

와카 워터　　　솔라 볼　　　워터 콘　　　라이프 스트로우

인성 선생님과 함께하는 영재성 키우기

1 아프리카 지역에서는 깨끗한 물을 얻기 위해서 '와카 워터' 장치를 사용합니다. 이 장치는 대나무로 바깥 구조물을 만든 뒤 구조물 안에 그물을 걸어 놓고 그물 밑바닥에 물을 받을 통을 놓습니다. 이 장치에서 그물의 역할과 물을 모으는 방법을 과학적 원리를 이용하여 설명하세요.

와카 워터

그물의 역할	물을 모으는 방법

인성 선생님과 함께하는 영재성 키우기

2 '와카 워터' 장치로 물을 많이 모으려면 어떤 장소에 설치하는 것이 좋을지 장소의 환경적 특징을 두 가지 생각해 보세요.

구분	설치 장소의 환경적 특징
①	
②	

4학년 2학기

● 여러 가지 기체

얘들아! 과자가...과자가... 반이 없어!!!

깨칠아 기체의 무게를 잴 수 있니?

내가 공기를 가득 마시고 체중계에 올라가 볼까?

15. 기체가 온도와 압력을 만나면 어떻게 될까요?

▶ 4학년 2학기 - 3. 여러 가지 기체

과학적 용어 알기

기체 부피: 기체 입자들이 운동하는 공간

기체 압력: 운동하는 기체 입자가 용기 벽에 충돌하여 누르는 단위 면적당 힘

샤를 법칙: 기체 압력이 일정할 때 온도가 높아지면 기체 부피가 증가한다는 법칙

보일 법칙: 기체 온도가 일정할 때 압력이 증가하면 기체 부피가 감소한다는 법칙

찌개의 포장 비닐이 움푹해졌어요

깨칠이는 주말에 집에서 부모님과 함께 여유로운 시간을 보내고 있었습니다. 점심때가 되자 부모님께서는 깨칠이가 좋아하는 김치찌개를 배달시켰습니다. 깨칠이는 배달시킨 김치찌개의 포장 비닐 랩이 오목하게 들어가 있는 현상을 관찰하고 호기심을 가지게 되었습니다. 찌개를 포장한 비닐 랩이 오목하게 들어간 이유는 무엇일까요?

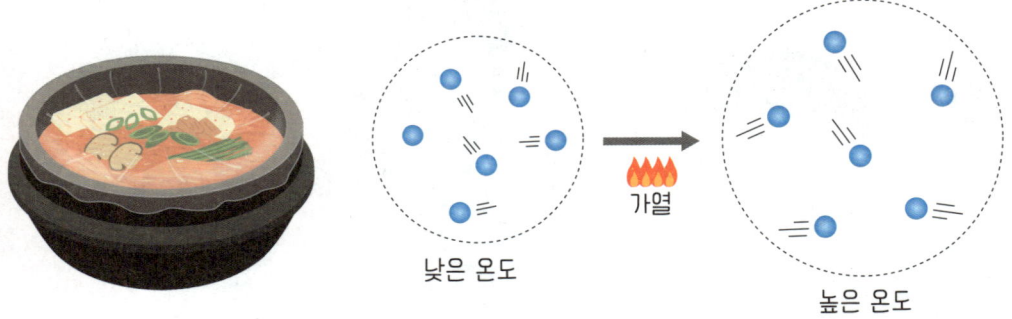

온도에 따른 기체의 부피 변화 – 샤를 법칙

기체는 입자 사이의 거리가 매우 멀리 떨어져 있으며, 입자들은 항상 운동을 하고 있습니다. 온도가 높아질수록 기체 입자의 운동 속도가 빨라지는데, 이때 압력이 일정하다면 더 많은 공간을 차지하게 되므로 기체의 부피가 증가합니다. 그러므로 온도가 높아지면 기체의 부피가 증가하게 되고, 반대로 온도가 낮아지면 기체의 부피가 감소하게 됩니다.

김치찌개를 덮은 비닐 랩이 오목하게 들어간 것도 이 때문입니다. 처음 찌개의 온도가 높았을 때는 비닐 랩이 볼록하게 부풀어 올랐습니다. 그런데 시간이 지난 후 찌개의 온도가 처음보다 낮아지면서 기체 입자들의 운동이 느려지자, 기체의 부피가 감소하게 되어 찌개를 덮은 비닐 랩이 오목하게 들어가게 된 것입니다.

이처럼 기체의 온도가 높아짐에 따라 기체의 부피가 증가하는 현상은 이러한 원리를 발견한 프랑스의 과학자 샤를의 이름을 따서 **샤를 법칙**이라고 합니다.

압력에 따른 기체의 부피 변화 – 보일 법칙

운동하는 기체 입자는 기체가 담겨 있는 용기 벽에 충돌하여 힘을 가하는데, 기체 입자들이 단위 면적당 작용하는 힘의 크기를 **기체 압력**이라고 합니다. (가)와 같이 주사기의 피스톤을 당겨 공기를 넣어 준 다음 입구를 막으면, 주사기 내부의 기체 압력과 외부 압력이 같은 상태이므로 피스톤이 움직이지 않습니다. 하지만 (나)와 같이 주사기 입구를 막은 상태에서 주사기의 피스톤을 누르면 부피가 감소하므로, 기체 입자들이 용기 벽에 충돌하는 횟수가 증가합니다. 이때 주사기 내부 기체 압력은 증가하게 되고, 피스톤을 누르는 외부 압력과 내부 기체의 압력이 같아질 때까지 부피가 감소하게 됩니다.

이렇게 기체의 부피는 기체의 압력이 증가하면 감소하고, 기체의 압력이 감소하면 증가하게 되는데, 이를 **보일 법칙**이라 합니다.

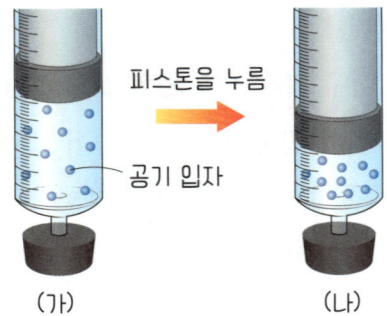

핵심개념

- 기체 입자들은 입자들 사이의 거리가 멀리 떨어져 있으며, 항상 운동을 하고 있습니다. 기체 입자들이 운동하는 공간을 '기체 부피'라 하고, 운동하는 기체 입자들이 용기 벽에 부딪혀 단위 면적당 누르는 힘을 '기체 압력'이라고 합니다.
- 기체의 온도가 올라가면 기체 입자들의 운동이 활발해져 더 많은 공간을 운동하므로 기체 부피가 증가하게 됩니다.
- 기체의 부피가 감소하면 기체 입자들이 용기 벽에 충돌하는 횟수가 증가하므로 기체 압력이 증가합니다.

 한걸음 더 나아가기

샤를 법칙

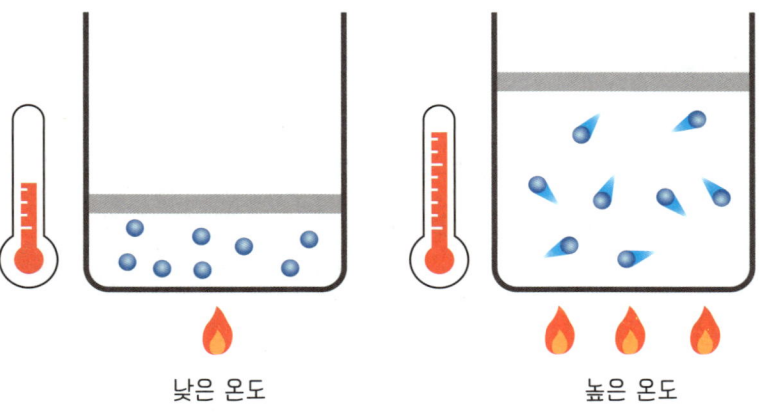

낮은 온도   높은 온도

압력이 일정할 때 기체의 온도를 높여 주면, 입자 운동이 빨라져 용기 벽에 충돌하는 기체 입자들의 충돌 횟수가 증가하므로, 기체의 부피가 늘어나게 됩니다. 반대로 기체의 온도를 낮추어 주면, 입자 운동이 느려져 용기 벽에 충돌하는 기체 입자들의 충돌 횟수가 감소하므로, 기체의 부피가 줄어듭니다. 샤를 법칙은 이런 현상을 설명하는 법칙입니다.

보일 법칙

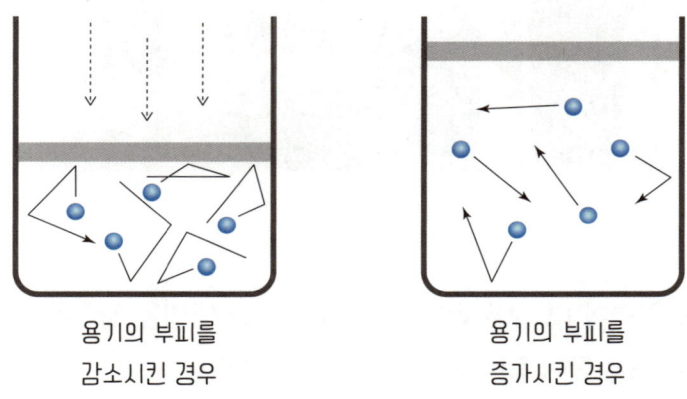

용기의 부피를 감소시킨 경우　　용기의 부피를 증가시킨 경우

온도가 일정할 때 기체가 들어 있는 용기의 부피를 감소시키면, 용기 벽에 충돌하는 기체 입자들의 충돌 횟수가 증가하므로, 기체의 압력이 증가합니다. 반대로 기체가 들어 있는 용기의 부피를 증가시키면, 용기 벽에 충돌하는 기체 입자들의 충돌 횟수가 감소하므로, 기체의 압력이 감소합니다. 보일 법칙은 이런 현상을 설명하는 법칙입니다.

인성 선생님과 함께하는 영재성 키우기

1 그림 (가)와 같은 오줌싸개 인형을 찬물에 넣어 두었다가 꺼낸 후 뜨거운 물을 부었더니, 그림 (나)와 같이 인형에서 물을 뿜어 냈습니다. 이러한 현상이 나타나는 이유를 과학적으로 설명해 보세요.

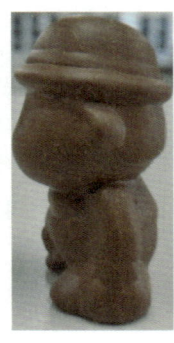

(가)　　　　　　　　(나)

그리고 오줌싸개 인형이 더 많은 물을 뿜어 내기 위한 방법을 생각해 보세요. (단, 오줌싸개 인형 내부는 많은 물이 들어갈 수 있도록 비어 있습니다.)

이러한 현상이 나타나는 이유	
더 많은 물을 뿜어 내기 위한 방법	

인성 선생님과 함께하는 영재성 키우기

2 다음을 읽고 밑줄 친 (가)~(라)에 해당하는 것을 그림 ①~④에서 고르고 그 이유를 설명해 보세요.

깨칠이는 가족들과 여행을 가기 위해 공항으로 가서 비행기를 탔습니다. (가)비행기가 이륙하기 전 깨칠이는 좋아하는 과자를 좌석 앞에 두었습니다. (나)비행기가 이륙하고 하늘을 날고 있을 때 과자를 꺼내 보니 이륙 전과 다른 모습을 하고 있었습니다. 이륙한 비행기 안에서 (다)과자를 먹고 난 후 목이 말랐던 깨칠이는 페트병에 들어 있는 생수를 반 정도 마시고 생수병을 마개로 꼭 닫아 두었습니다. 비행기가 목적지에 안전하게 (라)착륙 후 생수병을 본 깨칠이는 달라진 페트병의 모습에 또 한 번 놀라게 되었고 이를 통해 보일 법칙을 확인할 수 있었습니다.

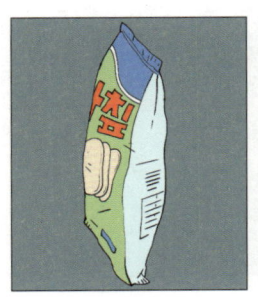 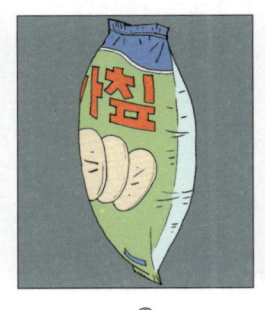  

① ② ③ ④

상황	그림 번호	이유
(가)		
(나)		
(다)		
(라)		

인성 선생님과 함께하는 영재성 키우기

3 유리(또는 표면이 매끄러운) 식탁을 깨끗이 닦고 바닥이 오목한 그릇에 뜨거운 음식을 담아 식탁 위에 올려놓았더니 그림과 같이 그릇이 미끄러졌습니다.

이 같은 미끄러짐 현상이 나타난 원인을 과학적으로 설명하고, 이를 방지할 수 있는 방법을 제시해 보세요.

미끄러지는 현상이 나타나는 이유	
미끄러지는 현상을 방지할 수 있는 방법	

16 공기는 혼합물이야

▶ 4학년 2학기 - 3. 여러 가지 기체

과학적 용어 알기

혼합물: 두 가지 이상의 순물질이 섞여 있는 물질
습도: 공기 속에 들어 있는 수증기의 양이 많고 적은 정도
건조 공기: 공기 중에서 수증기를 제외한 공기

공기 속에 들어 있는 수증기의 양

추운 겨울, 따뜻한 실내에서 습도를 조절하기 위해 가습기를 작동하는 모습을 본 적이 있을 것입니다. 가습기에서 발생한 수증기는 금방 공기 중으로 퍼져서 우리 눈에는 잘 보이지 않지만, 가습기를 오랫동안 켜 두면 공기 중의 수증기 양(습도)이 훨씬 많아지게 됩니다. 이렇게 공기 중의 수증기 양은 일정하지 않고 지역이나 날씨에 따라 달라지는데, 보통 공기 중에는 3%~4%의 수증기가 포함되어 있습니다. 수증기 말고도 공기 중에는 또 어떤 성분들이 있을까요?

공기를 이루는 기체들

공기는 눈에 보이지 않지만 여러 가지 기체가 함께 섞여 있는 혼합물입니다. 수증기를 제외한 공기를 **건조 공기**라 하는데, 건조 공기는 산소, 질소, 이산화탄소 등의 많은 기체들이 일정한 비율로 골고루 섞여 있습니다.

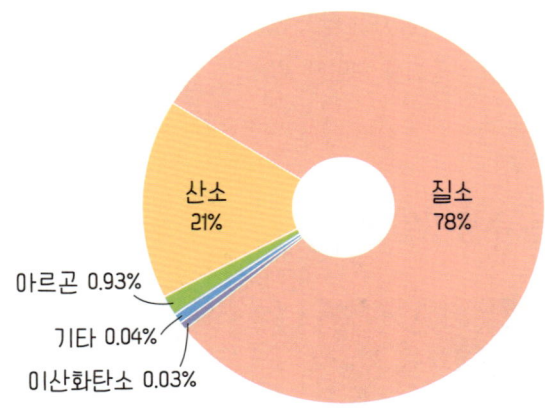

- **산소**: 냄새와 색깔, 맛이 없고 물에 약간 녹는 성질이 있습니다. 산소는 생물들의 생명 유지에 꼭 필요하기 때문에 의료용 생명 유지 장치 등으로 사용됩니다. 그리고 다른 물질을 잘 타게 하는 성질을 가지고 있어서 불을 이용하는 산업에서 다양하게 이용되고 있습니다.

물속 잠수부의 호흡에 사용되는 산소

- **질소**: 공기의 대부분을 차지하는 기체입니다. 질소는 생명체를 구성하는 단백질의 성분 중 하나로 물에 잘 녹지 않고, 색과 맛이 없으며, 공기 중에서 반응을 거의 하지 않는 매우 안정적인 기체입니다.

과자의 충전 기체로 사용되는 질소

- **이산화탄소**: 공기 중에는 적은 비중으로 존재하지만 중요한 역할을 담당하고 있습니다. 식물들은 이산화탄소와 물, 햇빛을 이용하여 영양소를 만들어 내고, 이렇게 만들어진 영양소를 동물들이 먹으면서 많은 생물들이 생명을 유지하고 있습니다. 그리고 산소와는 다르게 다른 물질이 타는 것을 방해하는 성질도 가지고 있습니다. 하지만 이산화탄소는 공기 중에 있으면서 땅에서 방출되는 에너지를 흡수해 지구의 온도를 높이는 온실 효과를 일으키기도 합니다. 인간의 활동으로 인해 증가한 이산화탄소는 지구 온난화 및 여러 가지 환경 문제를 일으키므로, 이산화탄소의 배출을 줄이도록 노력해야 합니다.

이산화탄소(CO_2) 배출

핵심개념

- 공기 중에 들어 있는 수증기의 양은 조건(지역, 날씨 등)에 따라 달라집니다.
- 수증기를 제외한 건조 공기 속에는 질소, 산소, 이산화탄소 등이 일정한 비율로 섞여 있습니다.
- 질소는 반응성이 작아 식품 포장용 충전 기체, 산소는 의료용 생명 유지 장치, 이산화탄소는 소화기 등 우리 생활 속에서 다양하게 이용되고 있습니다.

지구 온난화

온실 기체로 인한 지구 온난화

석유와 석탄과 같은 화석 연료를 사용하게 되면, 이산화탄소를 비롯하여 메테인과 아산화질소와 같은 기체들이 방출됩니다. 이 기체들은 지구에 들어온 태양의 열을 나가지 못하게 만들고 지구 표면 가까이에 열을 가두는 온실 효과를 일으키게 됩니다. 이렇게 온실 효과를 일으키는 기체들을 '온실 기체(온실가스)'라 합니다. 자연적 또는 인위적 영향에 의해 온실 기체의 양이 많아지게 되면 지구의 온도가 상승하게 되는데, 이러한 현상을 '지구 온난화'라고 합니다.

지구의 평균 기온은 지난 100년 동안 1℃ 상승하였습니다. 이러한 지구 온난화로 인해 여름이 길어지고 겨울은 짧아졌으며, 가뭄 기간이 길어지고, 홍수나 태풍 피해가 증가하고 있습니다. 또한 극지방의 빙하가 녹으면서 해수면이 상승하는 등 환경 재앙도 일으키고 있습니다.

인성 선생님과 함께하는 영재성 키우기

1 산소, 질소, 이산화탄소 이외에 공기 중에 존재하는 기체와 그 활용에 대해 조사해 보세요.

공기 중에 존재하는 기체	
기체의 활용	

2 대기 중 온실가스 농도 증가를 막기 위해 인간 활동에 의한 배출량을 감소시키고, 남은 온실가스는 흡수, 제거하여 실질적인 배출량이 'O'이 되도록 하는 것을 '탄소 중립'이라 합니다. 탄소 중립을 위해 우리가 실천할 수 있는 방법들에 대해 생각해 보세요. (참고: 탄소 중립 실천 포털 https://www.gihoo.or.kr/)

구분	탄소 중립을 위해 우리가 실천할 수 있는 방법
①	
②	
③	

5학년 1학기

- 빛의 성질
- 용해와 용액

영웅아 각설탕 더 넣을까?

각설탕이 더 이상 안 녹는 것 같아.

설탕을 많이 넣는다고 해서 무조건 다 녹는 게 아니라구!

17 빛의 굴절 현상에 대해 알아보아요

▶ 5학년 1학기 - 2. 빛의 성질

과학적 용어 알기

굴절: 움직이는 것(빛)의 진행 방향이 꺾이는 현상
매질: 어떤 물리적 작용을 한 곳에서 다른 곳으로 전하여 주는 매개물

유리컵 속의 빨대가 꺾여 보여요

투명한 유리컵 속에 빨대나 젓가락을 넣고 옆에서 보면 그림과 같이 빨대가 꺾여 있는 것처럼 보입니다.

이것은 빨대에서 반사된 빛이 물과 컵을 지나 공기로 나오면서 꺾이기 때문입니다. 이와 같이 빛이 서로 다른 매질 사이를 지날 때 빛의 진행 방향이 꺾이는(굴절되는) 현상을 **빛의 굴절**이라고 합니다. 일반적으로 빛이 굴절되는 방향은 더 무겁고(밀도가 높고), 두꺼운 쪽입니다. 예를 들어 빛이 공기 중에 있다가 물로 비스듬히 들어간다면, 빛의 진행 방향은 물 쪽으로 굴절되어서 나아갑니다. 돋보기(볼록 렌즈)로 들어가는 빛은 더 두꺼운 돋보기의 중간 부분 쪽으로 굴절하게 됩니다.

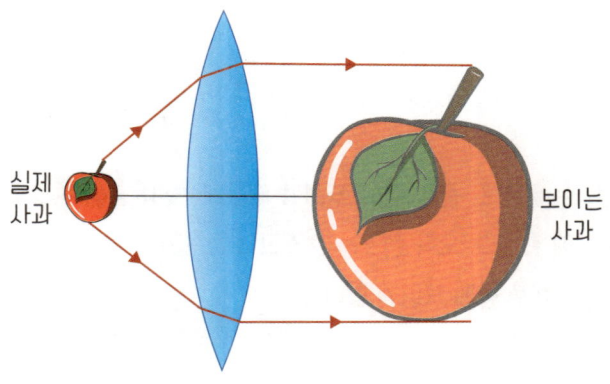

돋보기로 봤을 때 물체가 크게 보이는 이유는, 위의 그림처럼 물체의 작은 부분에서 나온 빛이 돋보기를 지날 때 굴절되어 사방으로 확대되기 때문입니다.

물속에 있는 물체가 더 커 보이는 이유

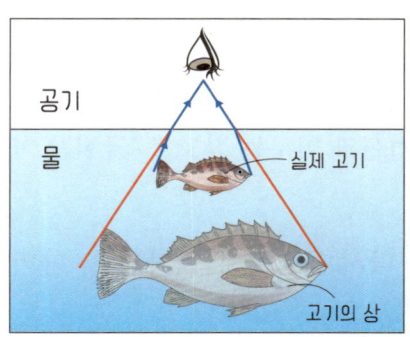 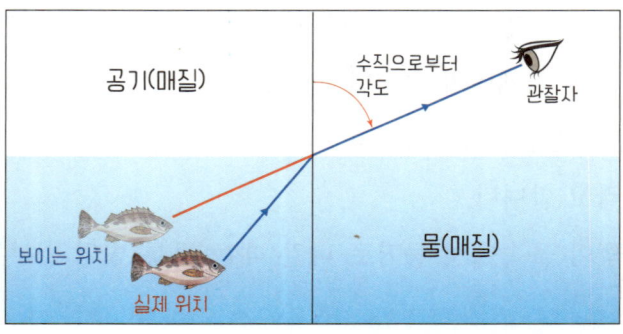

물속에 있는 물체를 물 밖으로 꺼내 보면 물속에 있을 때보다 작게 느껴집니다. 이것은 물 밖에서 물속을 볼 때 빛이 굴절해서 물속의 물체가 더 크게 보이기 때문입니다. 위의 그림과 같이 물속에서 빛이 나오는 경우, 물의 표면에서 빛이 굴절하여 우리 눈으로 들어오는데, 사람의 뇌는 눈으로 들어온 빛이 직진해서 왔다고 판단하기 때문에 더 크게 보입니다. 굴절 현상은 물속에 있는 물체를 더 크게 보이게 할 뿐 아니라 더 얕은 물에 있는 것처럼 보이게도 만듭니다. 이것 역시 빛이 물에서 공기로 나올 때 굴절하기 때문입니다.

- 빛이 서로 다른 매질을 지날 때는 두꺼운 쪽, 무거운 쪽(밀도가 큰 쪽)으로 굴절하게 됩니다.
- 볼록 렌즈는 렌즈의 중심 쪽이 두껍기 때문에, 빛이 중심 쪽으로 굴절하여 물체를 크게 보이게 합니다. 오목 렌즈는 렌즈의 바깥쪽이 두껍기 때문에 빛이 바깥쪽으로 굴절하여 물체를 작게 보이게 합니다.
- 물은 공기보다 밀도가 크기 때문에, 빛이 물 쪽으로 굴절합니다. 그래서 물속의 물체가 더 크게 그리고 더 얕은 곳에 있는 것처럼 보이게 합니다.

빛이 서로 다른 매질을 지날 때 굴절하는 모습을 과학적으로 설명하기 위해서, 두 매질의 경계면과 빛이 만나는 위치 경계면에 수직인 선을 그어 그 각도를 측정합니다. 이때, 경계면과 수직인 선을 '법선'이라고 하고, 처음 출발한 빛이 경계면에서 법선과 이루는 각도를 '입사각', 경계면을 지나 굴절한 빛이 법선과 이루는 각도를 '굴절각'이라고 합니다.

빛이 물속에서 공기로 나갈 때는 보통 빛의 일부는 다시 물속으로 반사되고, 나머

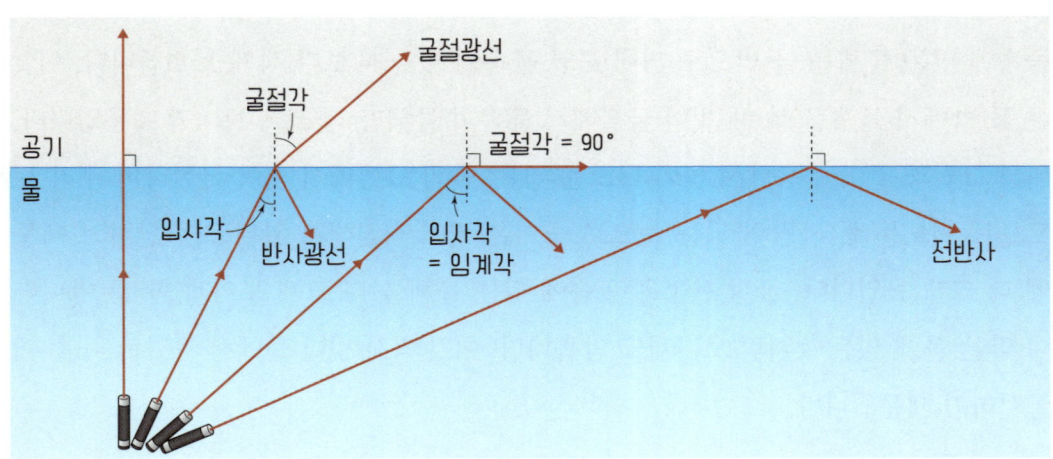

지 빛만 밖으로 굴절되어 나갑니다. 빛이 굴절되는 방향은 물 쪽이므로 입사각보다 굴절각이 더 커지게 됩니다. 이때, 물속에서 공기로 굴절이 되어 나갈 수 있는 최대의 각은 90°(물 표면과 같은 방향)입니다. 굴절각이 이것보다 커질 수는 없기에, 이때의 입사각을 '임계각'이라고 합니다. 입사각이 임계각보다 커지면 빛이 표면을 통과하지 못하고 모두 반사하게 되는데, 이를 '전반사'라고 합니다. 전반사가 일어나는 각도에서는 빛이 밖으로 나오지 못하므로 물 밖에서는 볼 수 없게 됩니다.

인성 선생님과 함께하는 영재성 키우기

그림과 같이 벽에 2개의 화살표를 그려서 붙여 놓고, 눈앞에 비커를 둡니다. 비커를 통해 화살표를 바라본다고 할 때 다음 물음에 답하세요.

비커

1 비커에 물을 붓기 전과 아래쪽 화살표보다 조금 높은 수위로 물을 반쯤 부었을 때, 사람의 눈에는 화살표의 모습이 어떻게 보일지 그림으로 그려 보세요.

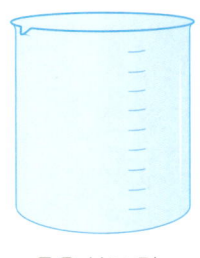 

물을 붓기 전   물을 부은 후

2 위와 같이 그림을 그린 이유를 빛의 성질과 관련지어 설명해 보세요.

그림을 그린 이유	

18 속지 말아요, 다 빛의 장난이야

▶ 5학년 1학기 - 2. 빛의 성질

과학적 용어 알기

신기루: 물체가 실제의 위치가 아닌 다른 위치에서 보이는 현상

빛의 상: 거울에 반사되거나 렌즈에 굴절된 빛이 모여서 물체의 형태를 보여 주는 것

신기루 요술 거울을 소개합니다

여러분은 과학관에 놀러 갔을 때, 다음과 같은 전시물을 본 적이 있나요? 작은 구멍에 어떤 물체가 보이는데, 손을 가져가 보면 아무것도 없는 신기루 같은 전시물 말입니다.

이 전시물은 둥근 원형의 오목 거울 2개를 위아래로 마주 보게 붙여 놓고, 위쪽 거울의 중간에 구멍을 뚫어 놓은 모양을 하고 있습
니다. 그리고 아래쪽 거울 중간에 진짜 물체를 위치시키는데, 위쪽에서 비스듬히 바라보면 그 물체가 마치 위쪽 거울에 난 구멍에 존재하는 것처럼 보이는 구조입니다. 이 전시물은 마치 신기루같이 물체를 보여 주는 거울이라고 하여, 신기루 거울 또는 신기루 요술 거울이라고 부릅니다.

물체를 본다는 것의 의미

사람이 물체를 보는 것은 다음과 같은 과정을 거칩니다. 먼저 물체에 빛을 비추었을 때 물체에서 반사되어 나오는 빛이 사람의 눈으로 들어옵니다. 그다음 눈 속의 망막에 빛의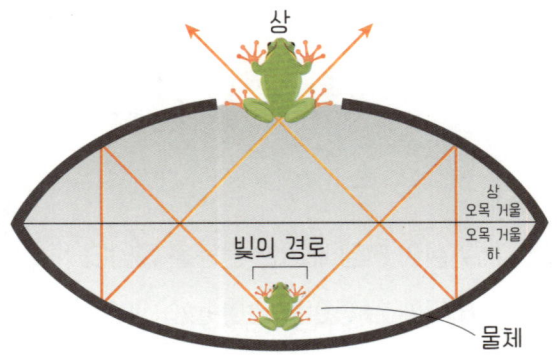

상이 맺히는 것을 사람의 뇌가 인식합니다. 즉, 사람이 물체를 본다는 것은 물체 자체를 보는 것이 아니라 물체에서 나온 빛을 보는 것입니다. 따라서 물체가 있어도 빛이 없거나, 물체에 반사된 빛이 사람의 눈으로 들어오지 않으면, 사람은 볼 수가 없습니다. 반대로 물체는 없지만 물체의 형태를 한 빛이 사람의 눈으로 들어오면, 사람은 물체가 있는 것으로 착각하게 됩니다.

신기루 거울은 오목 거울을 이용하여 물체의 상을 위쪽 거울에 난 구멍에 생기도록 만들어서, 마치 물체가 그곳에 있는 것처럼 느끼도록 만든 것입니다.

이렇게 거울이나 렌즈로 보는 상에는 실상과 허상이 있습니다. 간단한 실험으로 실상과 허상을 찾아볼까요?

실험1 실상 찾기

준비물: 돋보기(볼록 렌즈), 작은 거울, 흰 종이

1. 거실의 천정에 있는 전등을 켭니다.
2. 바닥에 흰 종이를 깔아 놓습니다.

3. 돋보기로 천정의 전등을 흰 종이 위에서 비추면서 전등의 상을 찾아봅니다.
4. 초점이 맞으면 흰 종이 위에 전등의 모양이 정확히 보이고, 초점이 안 맞으면 흐릿하게 전등의 모양이 보입니다.
5. 이렇게 흰 종이 위에 빛의 상이 실제로 맺히는 것을 실상이라고 합니다.

실험2 허상 찾기

준비물: 작은 거울, 작은 인형(물체)

1. 작은 거울을 세워 놓고 거울 앞에 작은 인형을 놓습니다.
2. 거울 앞에서 보면 인형이 거울 뒤에 있는 것처럼 보입니다.
3. 거울 뒤쪽의 인형이 있는 것처럼 보이는 위치에 흰 종이를 놓아도 종이에는 상이 맺히지 않습니다.
4. 이처럼 빛이 모여서 상을 이루는 게 아닌데도 사람의 눈에는 상이 있는 것처럼 보이는 것을 허상이라고 합니다.

평면 거울이나 볼록 거울, 그리고 오목 렌즈에서는 실상을 볼 수 없고 항상 허상만 나타납니다. 반면 오목 거울과 볼록 렌즈는 빛을 모아 주기 때문에 실상을 볼 수 있습니다. 하지만 오목 거울과 볼록 렌즈도 일정한 범위를 넘어서면 빛이 모이지 않아 허상이 나타납니다.

- 본다는 것: 물체에서 반사되어 나오는 빛이 사람의 눈으로 들어와서 눈 속의 망막에 빛의 상이 맺히는 것을 사람의 뇌가 인식하는 것을 의미합니다.
- 실상: 물체에 반사된 빛이 모여서 만들어진 실제의 상을 말합니다.
- 허상: 물체에 반사된 빛이 모이지 않았지만, 사람이 볼 때는 빛이 모여서 상이 만들어진 것 같이 보이는 가짜 상을 말합니다.

사막에서 오아시스의 신기루를 본다는 얘기를 들은 적이 있을 것입니다. 신기루는 환상일까요? 아닙니다.

신기루는 과학적인 현상입니다. 한낮의 사막과 같은 곳에서 매우 뜨거운 태양열에 의해 땅의 일부만 가열되면, 그 부분의 공기 밀도가 낮아집니다. 이는 마치 렌즈 역할을 해서, 빛이 렌즈를 통과할 때와 같이 휘어지게 됩니다. 이렇게 휘어진 빛이 우리 눈에 들어오면 사람의 뇌는 빛이 직진해서 들어오는 것으로 인식하게 되고, 가열된 땅이 실제와 다른 곳에 있는 것처럼 보이게 됩니다.

인성 선생님과 함께하는 영재성 키우기

그림은 천체 망원경의 두 종류인 굴절 망원경과 반사 망원경입니다. 그림을 보고 물음에 답하세요.

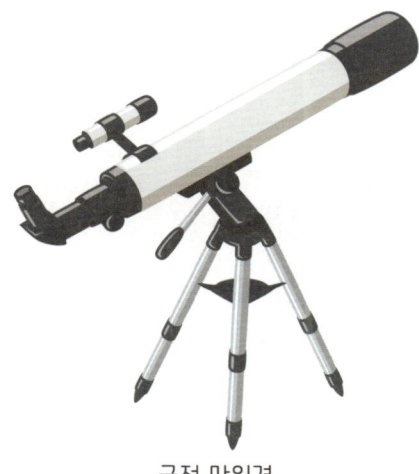

굴절 망원경　　　　　　　　　반사 망원경

1 천체 망원경은 빛을 모아 어두운 밤하늘의 별을 관측하는 기구입니다. 굴절 망원경과 반사 망원경에서 빛을 모으기 위해 사용한 것은 각각 무언인지 생각해 보세요.

굴절 망원경	반사 망원경

인성 선생님과 함께하는 영재성 키우기

2 그림에서 알 수 있는 굴절 망원경과 반사 망원경의 차이를 세 가지 적어 봅시다.

구분	굴절 망원경과 반사 망원경의 차이
①	
②	
③	

3 별을 관측하는 천문대는 주로 높은 산에 있습니다. 천문대가 높은 산에 있는 이유 두 가지를 생각해 보세요.

구분	천문대가 높은 산에 있는 이유
①	
②	

19 거울 속에 숨겨진 비밀을 밝혀 보아요

▶ 5학년 1학기 - 2. 빛의 성질

과학적 용어 알기

반사 : 일직선으로 나아가던 빛이 물체와 부딪쳐 튕겨 나가는 현상

화가의 그림이 뭔가 어색해요

오른쪽 그림은 인상주의 화가로 유명한 마네의 대표적인 작품인 <폴리베르제르의 술집>입니다. 인상주의 화가들은 빛에 따라 시시각각 변화하는 색의 변화를 정확히 표현하려고 노력한 화가들입니다. 그런데 이 그림은 과학적 사실과 다르게 그려진 부

분이 있습니다. 그래서 그림을 보면 뭔가 자연스럽지 않고 어색해 보입니다. 무엇이 사실과 다른지 찾았나요? 바로 여종업원의 거울에 비친 뒷모습입니다. 여종업원을 정면에서 볼 경우, 반사의 법칙에 의해서 거울에 비친 뒷모습은 여종업원 바로 뒤에 위치하게 됩니다. 그래서 뒷모습이 보이지 않을 정도로 가려져야 하는데, 그림에서는 오른쪽에 그려져 있습니다. 아마도 그림 속에서 여종업원을 더욱 부각시키기 위해 의도적으로 이렇게 표현한 게 아닐까 추측해 봅니다.

거울 속 반사의 법칙

먼저 알아야 할 것은 사람이 볼 수 있는 것은 빛밖에 없다는 것입니다. 즉, 우리가 촛불을 본다면 그것은 진짜 존재하는 촛불을 보는 것이 아니라 촛불에서 나온 빛 중에서 우리 눈으로 들어온 빛만 보는 것입니다. 따라서 어떤 물건이 있더라도 그 물건에

서 나온(또는 물건에 반사된) 빛이 우리 눈으로 들어와야 볼 수 있는 것이고, 그 빛이 눈으로 들어오지 않으면 우리는 못 보거나 없는 것으로 생각하게 됩니다. 반대로 실제로 그곳에 없어도 빛이 그곳에서 나온 것처럼 우리 눈으로 들어가면, 사람은 그곳에 무언가가 있는 것으로 생각합니다(대표적인 예가 신기루입니다).

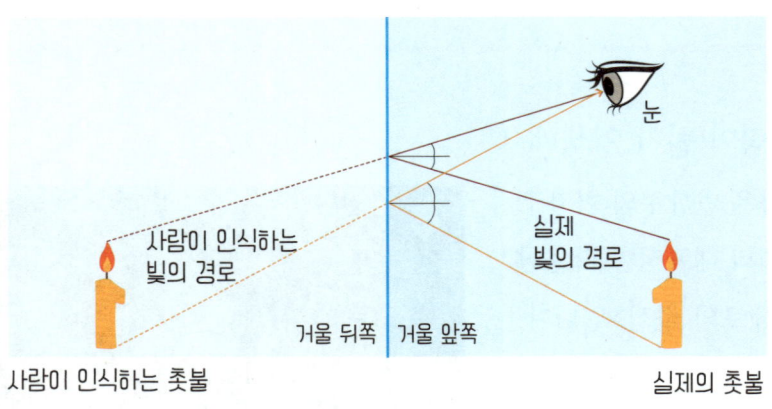

거울에 비친 촛불을 보면 촛불은 거울 뒤쪽에 있는 것처럼 보입니다. 그 이유는 촛불에서 나온 빛은 거울에 부딪힌 후 반사하여 우리의 눈으로 들어오는데, 사람의 뇌는 빛이 직진해서 우리 눈으로 들어왔다고 판단하기 때문입니다. 위 그림에서 알 수 있듯이, 실제의 촛불에서 나온 빛은 거울에 반사되어 눈으로 들어가지만, 사람은 눈으로 들어온 빛이 거울 뒤에서부터 직진하여 왔다고 인식하기 때문에 실제의 촛불이 아니라 거울 뒤쪽에 촛불이 있는 것처럼 보입니다. 빛이 거울에 반사될 때, 거울의 빛이 부딪힌 위치에 거울 면에 수직인 선을 그려 보면, 빛이 거울로 들어가는 각도와 거울에서 나오는 각도가 항상 같습니다. 이를 반사의 법칙이라고 합니다.

핵심개념

- 우리가 볼 수 있는 것은 우리 눈으로 들어오는 빛밖에 없습니다.
- 빛이 거울에 반사될 때, 빛이 거울로 들어가는 각도와 거울에서 나오는 각도는 항상 같은데 이를 반사의 법칙이라고 합니다.

거울은 우리의 모습을 그대로 보여 줍니다. 밖이 어두울 때는 유리창도 거울처럼 우리 모습을 그대로 보여 줍니다. 하지만 보통의 물건들은 우리 모습을 그대로 보여 주지 않습니다. 그 이유는 바로 빛의 반사의 법칙 때문입니다.

거울은 표면이 매끄러워서 거울로 들어간 빛이 일정한 방향으로 반사됩니다. 그래서 거울에 비친 모습이 그대로 보이는 것입니다. 이렇게 빛이 일정한 방향으로 반사되는 현상을 '정반사'라고 합니다. 하지만 표면이 매끄럽지 못한 보통의 물체에는 표면의 울퉁불퉁한 면에 비친 빛이 다양한 방향으로 반사되기 때문에 일정한 형태(모습)를 볼 수 없습니다. 이렇게 다양한 방향으로 반사되어 형태를 볼 수 없는 반사를 '난반사'라고 합니다. 호수의 물을 예로 들면, 바람이 없는 호수에 얼굴을 비추면 물의 표면이 물결 없이 매끄러워 거울처럼 정반사가 되므로 얼굴이 잘 보입니다. 반면에 바람이 많이 불면 물의 표면이 출렁이면서 표면이 울퉁불퉁해지기 때문에, 빛이 난반사되어 제대로 볼 수 없게 됩니다.

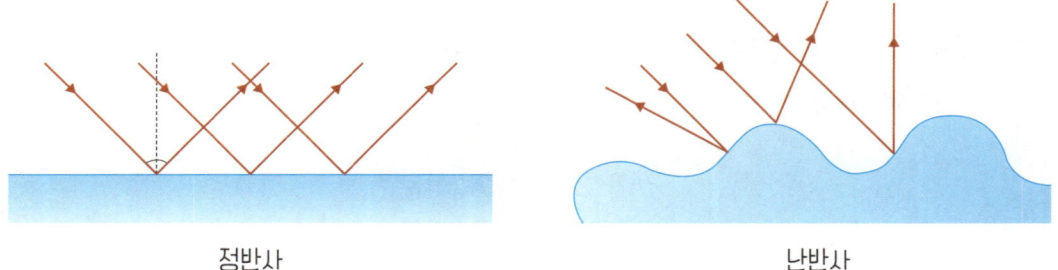

정반사　　　　　　　　　　난반사

인성 선생님과 함께하는 영재성 키우기

그림과 같이 한쪽 구석에 곰 인형이 있는 상자가 있습니다. 이 상자에 거울을 설치하여 상자 입구에서 곰 인형을 보려고 합니다. 물음에 답하세요.

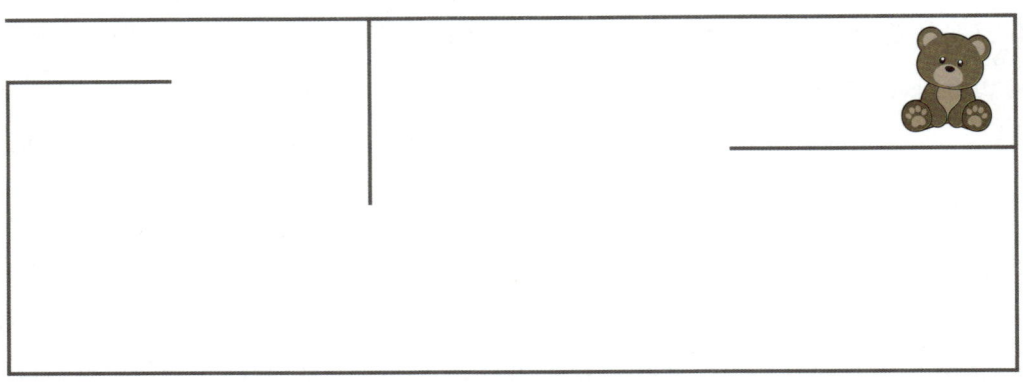

1 평면거울 3개를 설치하면 입구에서 곰 인형을 볼 수 있습니다. 거울의 위치와 방향을 그림에 표시하고, 곰 인형에서부터 입구까지 빛이 오는 경로를 화살표로 표시해 보세요.

2 거울을 통해서 곰 인형을 볼 수 있는 이유는 무엇일까요? 관련이 있는 빛의 성질 두 가지를 써 보세요.

	곰 인형을 볼 수 있는 이유
관련 있는 빛의 성질	①
	②

20. 그림자는 모두 검은색인가요?

▶ 5학년 1학기 - 2. 빛의 성질

과학적 용어 알기

빛의 직진성: 외부의 영향을 받지 않은 빛이 일직선 방향으로 뻗어 나가는 성질

달에서는 지구보다 그림자가 더 진해요

화장실에 있는데 누가 불을 꺼 버리면 완전히 깜깜하죠? 이렇게 깜깜한 것을 색으로 표현하면 검은색일 것입니다. 검은색은 우리 눈에 빛이 들어오지 않을 때 사람이 느끼는 색입니다. 반대로 빛이 비치면 물체마다 고유한 색이 나타납니다. 그 이유는 물체에 부딪힌 빛이 반사되어 우리 눈에 들어오기 때문입니다. 그런데 빛은 **직진성**이 있습니다. 태양이나 전등에서 나온 빛이 일직선으로 뻗어 나가다가 어떤 물체를 만나면, 피해 가지 않고 부딪혀 팅겨 나게 됩니다. 그러면 물체 뒤쪽으로는 빛이 가지 못하여 검은색의 그림자가 생기

게 됩니다. 그런데 그림자를 자세히 살펴보면 완전히 검지 않고 흐릿한 검은색의 형태로 보일 때가 많습니다. 지구에는 다양한 빛이 사방에서 비치고 있기 때문에 완전히 검은 그림자를 보기가 어렵습니다. 하지만 달에서는 태양 빛 외에 다른 빛이 없기 때문에 빛이 가려지면 완전히 검은색으로 보이게 됩니다.

다양한 색깔의 그림자 만들기

먼저 여러 개의 그림자 만들기 실험을 해 봅시다. 밤에 가로등이 일렬로 서 있는 거리를 걸어가면서 다음과 같이 그림자의 변화를 관찰해 보세요.

실험1 여러 개의 그림자 만들기

1. 밤에 가로등 바로 아래 서서 내 그림자를 봅시다. 어떻게 보이나요? 진한 그림자 하나가 보이지요?
2. 이제 앞쪽으로 걸어가면서 그 그림자가 어떻게 변하는지 관찰해 봅시다. 어떻게 보이나요? 그림자가 점점 길어지는 동시에 점점 옅어지면서 앞쪽 가로등에 의한 그림자가 뒤에 하나 더 생깁니다.
3. 두 가로등의 중간에 서서 내 그림자를 관찰해 봅시다. 어떤 특징이 있나요? 중간 위치에 있을 때는 앞쪽 가로등과 뒤쪽 가로등이 각각 나를 비추어 그림자도 2개가 되며, 그림자 색은 연합니다. 이것은 먼저 있던 앞쪽 그림자에 앞쪽에 나타난 가로등이 빛을 비추기 때문에 그림자가 밝아진 것입니다. 마찬가지로 뒤에 나타난 뒤쪽 그림자는 먼저 있던 뒤쪽 가로등이 빛을 비추기 때문에 그림자가 진하지 않고 밝은 것입니다.

이처럼 빛이 여러 방향에서 비치면 각 빛의 그림자에 다른 빛이 들어가서 그림자가 밝아집니다. 이 원리를 이용하면 다양한 색의 그림자를 만들 수 있습니다.

실험2 색깔 그림자 만들기

준비물: 다양한 색깔의 전등, 물체, 스크린

1. 스크린에서 조금 떨어진 위치에 물체를 세워 둡니다.
2. 물체를 기준으로 다양한 색깔의 전등을 스크린 반대쪽에서 약간씩 거리를 두고 설치합니다.
3. 색깔 전등 중 하나만 켜서 스크린에 나타난 전체적인 색과 그림자의 색을 관찰합니다.
4. 다른 색깔 전등을 하나 더 켜서 이전의 스크린 색과 비교해 봅니다.
5. 여러 개의 색깔 전등을 서로 교차하면서 켜서 스크린에 나타난 그림자의 색을 관찰합니다.

하나의 전등만 켰을 때는 그림자 색은 검정색, 나머지 부분은 전등 빛의 색을 띕니다. 다른 색깔 전등을 더 켜면 그림자가 2개가 생기는데, 처음 그림자는 뒤에 켠 전등의 색과 같고, 나중에 나타난 그림자는 처음 전등의 색과 같습니다. 또한 두 전등의 그림자가 만나는 곳에는 검은색의 그림자가 생겼습니다.

- 빛의 직진성에 의해서 빛이 물체에 가려진 부분에 그림자가 생깁니다.
- 서로 다른 위치에서 빛이 비치면 그림자 부분에 다른 빛이 오면서 그림자가 흐려지게 됩니다.

몇 년에 한 번씩 달이 태양을 가리는 일식 현상을 볼 수 있습니다. 그런데 일식에는 달이 태양을 완전히 가리는 개기 일식과 태양의 일부만 가리는 부분 일식이 있습니다. 대부분의 지역에서는 태양이 완전히 가려지지 않고 일부만 가려지는 부분 일식이 나타나지만, 극히 일부 지역에서는 달이 태양을 완전히 가리는 개기 일식이 나타납니다. 그 이유는 태양이 지구보다 훨씬 크기 때문입니다. 지구에서 보면 태양은 작은 동전만 하게 보이지만 실제로는 지름이 지구보다 109배나 큽니다. 이렇게 거대한 태양의 모든 곳에서 빛이 나오고 있으니 엄청나게 많은 빛이 한꺼번에 있는 상태라고 볼 수 있습니다. 그만큼 달의 그림자도 엄청나게 많습니다. 그 그림자들이 겹쳐지면 거대한 원을 이루는데 이를 '반그림자'라고 합니다. 그리고 반그림자의 중심에는 모든 빛이 가려지는 진한 그림자 부분이 나타나는데, 이를 '본그림자'라고 합니다. 지구에 있는 사람이 달의 반그림자에 있으면 부분 일식을 보게 되고, 본그림자에 있으면 개기 일식을 보게 됩니다.

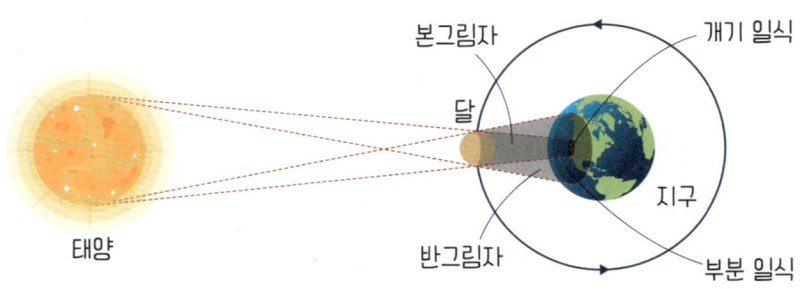

인성 선생님과 함께하는 영재성 키우기

아래 사진은 미국 아폴로 우주선으로 달에 간 사람의 모습을 찍은 것입니다. 사진을 보고 물음에 답하세요.

1 사진을 보면 우주인의 그림자가 지구에서보다 훨씬 검게 보입니다. 그 이유를 설명해 보세요.

달에서의 그림자가 지구에서보다 훨씬 검게 보이는 이유

2 이 우주인이 (가)와 같이 막대기를 땅에 꽂았다면 막대기의 그림자는 어떻게 될지 사진 위에 그려 보세요. 그리고 그렇게 그린 이유를 설명해 보세요.

이유	

21 용액의 진하기를 비교할 수 있는 방법을 알아보아요

▶ 5학년 1학기 - 3. 용해와 용액

과학적 용어 알기

용질: 다른 물질에 녹는 물질(예: 소금, 설탕 등)
용매: 다른 물질을 녹이는 물질(예: 물)
용액: 용매와 용질이 골고루 섞여 있는 물질(예: 소금물, 설탕물 등)
용해: 한 물질이 다른 물질에 녹아 골고루 섞이는 현상

용해와 용액

깨칠이는 여름 방학을 맞아 부모님과 함께 해수욕장으로 놀러 가서 수영도 하고 무더위를 식히며 즐거운 시간을 보냈습니다. 바닷가에서 아버지와 물놀이를 하던 중 깨칠이의 입에 바닷물이 들어오자 짠맛을 느낄 수 있었습니다. 왜 그런 것일까요? 그 이유는 바닷물에 소금이 녹아 있기 때문입니다. 소금과 같이 다른 물질(물)에 녹는 물질을 **용질**이라고 합니다. 또한 물과 같이 다른 물질을 녹이는 물질을 **용매**라 합니다. 그리고 용질(소금)이 용매(물)에 골고루 섞여 있는 물질을 **용액**(소금물)이라고 하며, 한 물질이 다른 물질에 골고루 녹아 섞이는 현상을 **용해**라고 합니다.

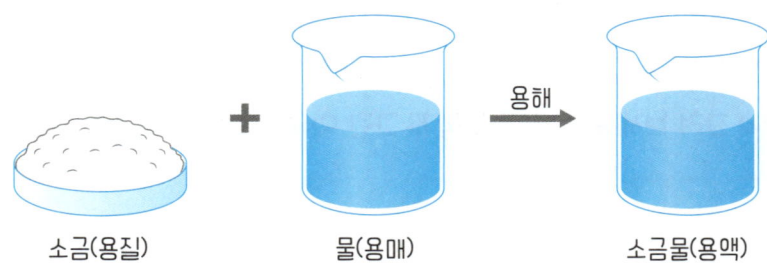

소금(용질) + 물(용매) →용해→ 소금물(용액)

설탕과 같은 용질은 물에 넣으면 없어지는 것이 아닙니다. 매우 작게 부스러져 물과 골고루 섞이기 때문에 우리 눈에 보이지 않는 것입니다.

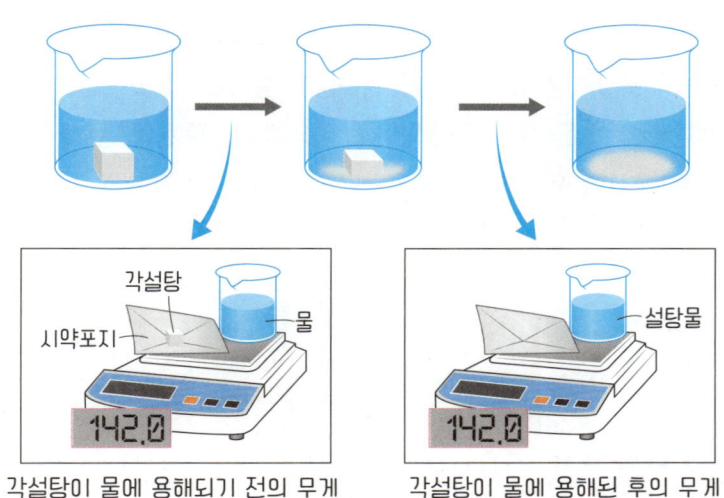

각설탕이 물에 용해되기 전의 무게   각설탕이 물에 용해된 후의 무게

용질과 용매의 무게 합은 용해된 후 용액의 무게와 같습니다.

용액의 진하기 비교하기

같은 양의 용매에 용해된 용질의 양이 적은 용액을 '묽은 용액'이라 하고, 용해된 용질의 양이 많은 용액을 '진한 용액'이라고 합니다. 그러면 용액의 진하기는 어떻게 비교할 수 있을까요? 먼저 용액의 진하기는 색깔, 냄새 등으로 비교할 수 있습니다. 진한 용액일수록 색깔이 진하고, 냄새가 강합니다. 그리고 용액에 물체를 넣었을 때 물체가 뜨는 높이로도 용액의 진하기를 비교할 수 있습니다. 진한 용액일수록 물체가 더 높이 떠오릅니다.

- 용질이 용매에 골고루 섞여 있는 물질을 용액이라 하며, 이러한 과정을 용해라고 합니다.
- 용질은 용해 과정에서 작게 부스러져 용매에 골고루 섞이기 때문에 눈에 보이지 않게 되며, 용질과 용매의 무게 합은 용해된 후 용액의 무게와 같습니다.
- 일정한 용매에 용해된 용질의 양이 적은 용액을 묽은 용액, 용해된 용질의 양이 많은 용액을 진한 용액이라 하며, 용액의 진하기는 색깔, 냄새 등으로 구별할 수 있습니다.

퍼센트 농도

용액에 들어 있는 용질의 양을 수학적으로 나타낸 것을 '농도'라고 합니다. 농도를 표시하는 방법은 여러 가지가 있는데, 가장 대표적인 방법은 퍼센트 농도(%)입니다. 퍼센트 농도는 용액(용질+용매) 100 g 속에 들어 있는 용질의 양(g)을 나타낸 값으로 계산 방법은 다음과 같고, 퍼센트 농도가 클수록 진한 용액입니다.

$$\text{퍼센트 농도(\%)} = \frac{\text{용질의 질량(g)}}{\text{용액의 질량(g)}} \times 100$$

예를 들어 5% 설탕 용액이라고 하면, 물 95 g에 설탕 5 g을 녹여 만든 용액을 의미합니다.

수성과 유성

물과 기름을 섞어 주면 서로 섞이지 않고 물 위에 기름이 뜨게 됩니다. 물과 잘 섞이는 성질을 '수성'이라고 하는데, 예를 들어 수성펜, 수성 물감 등이 있습니다. 반면에 기름과 잘 섞이는 성질을 '유성'이라 하며, 대표적인 물건으로는 유성펜, 유성 물감, 크레파스 등이 있습니다.

인성 선생님과 함께하는 영재성 키우기

1. 설탕, 소금은 물에 잘 녹는 물질입니다. 그런데 기름은 물에 잘 녹지 않습니다. 우리 주변에서 쉽게 볼 수 있는 물질들을 <보기>에서 골라 물에 잘 녹는 물질과 물에 잘 녹지 않는 물질들로 구분하여 보세요.

<보기> 우리 주변에서 쉽게 볼 수 있는 물질

콜라, 간장, 식용유, 식초, 레몬주스, 베이킹파우더, 나프탈렌, 후추, 모래, 철 가루, 수성 물감, 유성펜

물에 잘 녹는 물질	
물에 잘 녹지 않는 물질	

2. 8% 설탕 용액 25 g을 만드는 방법에 대해 설명해 보세요. 그리고 이렇게 만든 8% 설탕 용액 25 g에 4% 설탕 용액 75 g을 섞었을 때, 용액의 퍼센트 농도를 계산해 보세요.

8% 설탕 용액 25 g을 만드는 방법	
8% 설탕 용액 25 g에 4% 설탕 용액 75 g을 섞었을 때 퍼센트 농도 계산	

22. 온도에 따라 물에 용해되는 용질의 양은 어떻게 변할까요?

▶ 5학년 1학기 - 3. 용해와 용액

과학적 용어 알기

석출: 용액에 녹아 있던 용질이 용액에서 고체 상태로 분리되는 현상
용해도: 용매 100g에 최대한 녹아들어 가는 용질의 양(g)
포화 용액: 용질이 용해도만큼 녹아서 더 이상 용질이 녹지 않는 용액
불포화 용액: 용질이 용해도보다 작게 녹아서 용질이 더 녹을 수 있는 용액
과포화 용액: 용질이 용해도 이상으로 녹아 있는 불안정한 상태의 용액

용해도와 포화 용액

단맛을 좋아하는 깨칠이는 어머니 몰래 설탕물을 가끔 만들어 먹습니다. 어느 날, 진한 설탕물을 만들어 먹으려고 물컵에 설탕을 많이 넣었더니, 어느 정도까지만 녹은 뒤 더 이상 녹지 않고 컵 바닥에 설탕이 고체 상태로 가라앉아 있는 것을 발견하였습니다. 왜 그럴까요? 그 이유는 설탕이 물에 용해되는 속도와 물에 녹아 있던 설탕이 다시 고체 설탕으로 석출되는 속도가 같아졌기 때문입니다. 그래서 더 이상 설탕 용액의 농도(진하기)가 변하지 않게 됩니다. 이때 용매(물) 100 g에 최대한 녹아 들어가는 용질(설탕)의 양(g)을 **용해도**라고 합니다. 용질이 용해도만큼 녹아 있는 용액을 **포화 용액**, 더 적게 녹아 있는 용액을 **불포화 용액**, 그리고 용질이 용해도 이상으로 더 녹아 있는 불안정한 상태의 용액을 **과포화 용액**이라고 합니다.

용질의 종류와 온도에 따른 용해도 변화

용해가 일어날 때 용질과 용매는 서로 상호 작용을 합니다. 그래서 용질과 용매의 종류에 따라 용해도도 달라집니다. 대부분의 고체 용질은 온도가 높을수록 용해도가 증가합니다. 즉, 찬물보다는 뜨거운 물에서 소금이나 설탕이 더 많이 녹게 됩니다.

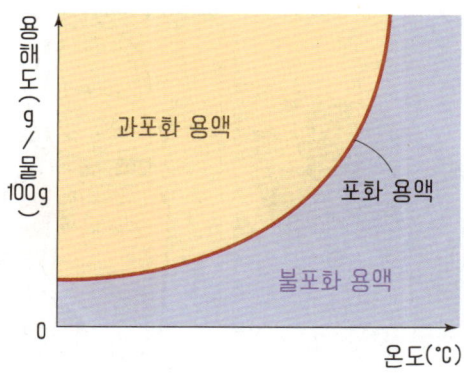

- 용질이 용해도만큼 녹아 있는 용액을 포화 용액, 용질이 용해도보다 적게 녹아 있는 용액을 불포화 용액, 용질이 용해도보다 많이 녹아서 불안정한 용액을 과포화 용액이라고 합니다.
- 용질의 종류에 따라 용질과 용매 입자와의 상호 작용이 달라서 용해도가 달라집니다.
- 대부분의 고체는 온도가 높아질수록 용해도가 증가합니다.

탄산음료 이야기

기체 이산화탄소가 물에 녹으면 탄산이 만들어지는데, 이러한 탄산을 이용한 대표적인 음료가 콜라입니다. 이산화탄소와 같은 기체는 물(용매)의 온도가 낮아질수록 용해도가 증가합니다. 그래서 탄산이 풍부한 음료를 마시기 위해서는 탄산음료를 꼭 냉장고에 보관해야 합니다.

탄산음료 캔의 폭발

지난 2006년 영국에서는 자동차 실내에 보관하였던 캔 콜라가 폭염으로 인해 폭발하는 사고가 발생했습니다.

자동차 실내에 보관한 캔 콜라가 폭발한 모습

무더운 여름에는 차 안의 실내 온도가 40~50℃ 이상 올라갑니다. 높은 온도에서 콜라에 녹아 있던 이산화탄소 기체들이 빠져나와 캔 내부의 압력을 높이고, 이로 인해 캔 콜라가 폭발하게 된 것입니다. 마찬가지로 캔 콜라를 냉동실에 보관할 경우에도, 폭발이 일어날 수 있습니다.

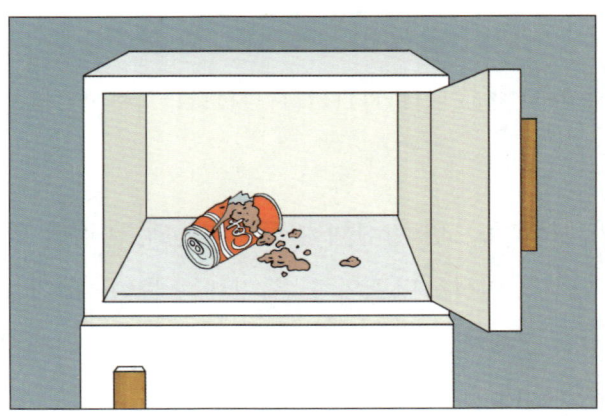

냉동실 안에서 폭발한 캔 콜라

냉동실에 보관한 캔 콜라 속의 물이 얼면서 물속에 녹아 있던 이산화탄소 기체들이 빠져나오면, 캔 내부의 압력이 높아져 캔 콜라가 더 이상 견디지 못하고 폭발하게 됩니다.

인성 선생님과 함께하는 영재성 키우기

그림은 어떤 고체 A의 용해도 곡선을 나타낸 것입니다. 다음 물음에 답해 보세요.

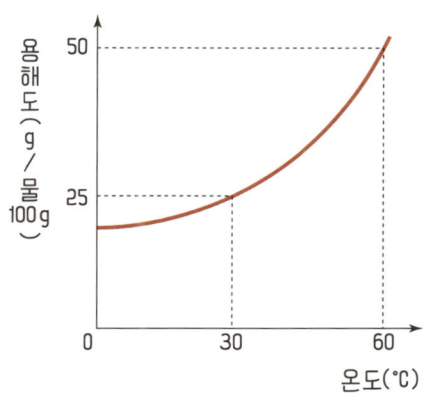

1 60℃의 물 250g에 최대한으로 녹일 수 있는 A의 질량(g)은 무엇인가요?

최대한 녹일 수 있는 A의 질량(g)	

2 60℃의 물 200g에 A를 녹여 포화 용액을 만든 다음, 이 용액을 30℃로 냉각할 때 석출되는 A의 질량(g)은 무엇인가요?

석출되는 A의 질량(g)	

인성 선생님과 함께하는 영재성 키우기

3 60℃의 포화 용액 180g을 30℃까지 서서히 냉각할 때 석출되는 A의 질량(g)은 무엇인가요?

석출되는 A의 질량(g)	

4 60℃의 물 80g에 30g의 A를 넣고 30℃까지 서서히 냉각할 때 석출되는 A의 질량(g)은 무엇인가요?

석출되는 A의 질량(g)	

23 우리 주변에서 볼 수 있는 혼합물은 무엇이 있을까요?

▶ 5년 2학기 - 1. 혼합물의 분리

과학적 용어 알기

혼합물: 두 가지 이상의 물질이 본래의 성질을 그대로 가진 채 섞여 있는 것
균일 혼합물: 두 가지 이상의 물질이 고르게 섞여 있는 혼합물
불균일 혼합물: 두 가지 이상의 물질이 고르지 않게 섞여 있는 혼합물

음식으로 만들어 보는 혼합물

오늘은 하늘초등학교 영재반에서 음식 만들기를 하는 날입니다. 만들 음식들은 김밥, 샌드위치, 비빔밥으로 준비해 온 재료 또한 각기 다릅니다. 김밥을 만드는 깨칠이는 김, 흰쌀밥, 햄, 단무지, 오이, 당근, 마요네즈, 참치 등을 손질해 왔고, 샌드위치를 만드는 소민이는 식빵, 슬라이스 치즈, 구운 베이컨, 양상추, 과일잼, 생크림 등을 가져왔습니다. 비빔밥을 만드는 영웅이는 흰쌀밥, 콩나물, 시금치, 무채, 계란프라이, 양념 고추장 등을 준비해서 왔습니다. 그리고 영재반 친구들을 위해서 인성 선생님께서 과일화채를 만들어 주신다고 했습니다.

선생님의 시작 소리와 동시에 모두가 즐겁게 음식을 만들었습니다. 어느덧 음식이 하나둘 완성되었고, 음식을 전부 완성한 후에는 음식 소개와 시식할 수 있는 시간을 가졌습니다.

여기서 잠깐! 맛있게 먹자 파티를 하고 있는 우리들에게 인성 선생님께서 재미있는 사실을 알려 주셨습니다. 바로 지금 먹고 있는 음식 모두가 **혼합물**이라는 것이었습니다. 김밥, 샌드위치, 과일화채, 비빔밥이 왜 혼합물인지 궁금하지 않나요? 우리 주변에서 볼 수 있는 혼합물에 대해서 알아봅시다.

주변에서 볼 수 있는 혼합물

혼합물은 두 가지 이상의 물질이 본래의 성질을 그대로 가진 채 섞여 있는 것을 말합니다. 그래서 물질을 섞기 전과 섞은 후에도 그 성질이 변하지 않습니다. 우리 주변에서 볼 수 있는 물질 중에도 혼합물이 많으며, 우리는 이러한 혼합물들을 사용해서 살아갑니다.

• 불균일 혼합물로 완성된 음식의 예

음식	김밥	샌드위치	비빔밥	과일화채
만들기 전(물질)	김, 계란, 당근, 시금치, 단무지 등	식빵, 마요네즈, 치즈, 햄 등	계란, 시금치, 무채, 콩나물 등	수박, 블루베리, 키위, 복숭아 등
완성 후(물질)	김, 계란, 당근, 시금치, 단무지 등	식빵, 마요네즈, 치즈, 햄 등	계란, 시금치, 무채, 콩나물 등	수박, 블루베리, 키위, 복숭아 등

김밥

샌드위치

비빔밥

과일화채

: 혼합물로 완성된 음식은 만들기 전 물질과 완성한 후의 물질에 변함이 없습니다.

• 우리 주변에서 볼 수 있는 혼합물의 예

잡곡
(물질) 콩, 팥, 보리, 조 등

흙
(물질) 돌이 부서진 알갱이, 동식물이 썩어 생긴 물질

퇴적암
(물질) 자갈, 모래, 진흙 등

바닷물
(물질) 물, 소금 등

: 혼합물은 섞이기 전의 물질로 분리할 수 있습니다.

이 외에도 우리가 생활 속에서 볼 수 있는 혼합물로는 미숫가루, 나박김치, 오곡밥, 콘크리트, 연필, 우유 등이 있고, 우리 몸속에 있는 혈액이나 우리가 숨 쉬고 있는 공기도 혼합물입니다.

핵심개념
- 서로 다른 성질을 가진 물질들이 섞기 전과 섞은 후의 성질이 변하지 않고 섞여 있는 것을 혼합물이라고 합니다.
- 우리가 생활에서 이용하는 대부분의 제품(물질)들은 한 가지 물질만 가지고(순도 100%) 만들지 않으므로 혼합물이 많습니다.

생활 속 균일 혼합물 더 알아보기

• 우리나라의 동전(주화)

우리나라의 동전(주화)은 1원, 5원, 10원, 50원, 100원, 500원으로 여섯 종류가 있습니다. 동전에 사용되는 재료들은 주로 구리, 니켈, 아연, 알루미늄 등인데 500원과 100원 동전에는 구리 75%와 니켈 25%가 섞여 있고, 50원 동전에는 구리 70%와 아연 18%, 니켈 12%가 섞여 있습니다. 10원 동전에는 구리 48%와 알루미늄 52%가 섞여 있으며, 5원 동전은 구리 65%와 아연 35%가 섞여 있습니다. 단, 1원 동전은 알루미늄만 100% 사용해서 만듭니다. 우리나라 동전(주화)에서는 1원 동전만 빼고 전부 구리가 사용되는데, 이것은 구리가 부식되거나 침식되지 않고 견디는 성질이 뛰어나서 오랫동안 변형 없이 사용할 수 있고, 살균 작용을 하는 성질도 있어서 동전의 재료로 적합하기 때문입니다. 그리고 구리는 여러 가지 금속과 섞어서 합금으로 만들 수 있는 장점도 있습니다.

1원	5원	10원	50원	100원	500원
(알루미늄)	(구리+아연)	(구리+알루미늄)	(구리+아연+니켈)	(구리+니켈)	(구리+니켈)

• 금(Gold)

순수한 금(순금)은 무른 성질이 있어 얇게 만들면 쉽게 휘어지거나 파손됩니다. 그래서 순금은 다른 금속과 혼합하여 많이 사용하는데, 이와 같이 금속에 다른 원소를 한 가지 이상 첨가하여 새롭게 만든 물질을 '합금'이라고 합니다. 합금 과정을 거친 금속은 단단해지거나 내구성이 좋아지고 다양한 색깔을 나타내는 등 새로운 특성을 띠게 됩니다. 금을 합금할 때 주로 사용하는 금속은 구리, 은, 니켈, 아연 등이고, 혼합 비율에 따라 캐럿(K)이 정해집니다. 순금은 24 K라고 하며 금 함량이 99.99%이고,

18 K 금은 금 함량이 약 75%, 14 K 금은 금 함량이 약 58%입니다.

• 공기

우리는 지구를 둘러싸고 있는 대기의 아랫부분을 이루고 있는 무색투명한 기체를 공기라고 부릅니다. 공기는 혼합물이며 구성 성분은 질소와 산소가 대부분을 차지합니다. 여기에 아르곤, 이산화탄소, 네온, 헬륨, 메테인, 크립톤, 수소 등 소량의 기체들을 포함하고 있습니다.

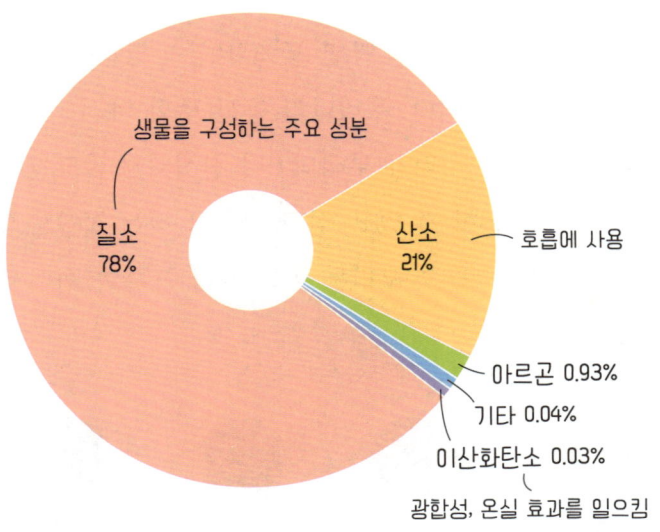

인성 선생님과 함께하는 영재성 키우기

1 추운 겨울 깨칠이는 따뜻한 우유를 먹기 위해 우유를 데웠습니다. 그런데 우유를 데우고 나서 잠깐 화장실을 갔다오는 사이 우유 표면에 얇은 막이 생겨났습니다. 우유는 액체인데 얇은 막이 생겨나는 이유를 생각해 보세요.

우유 표면에 얇은 막이 생겨나는 이유

2 우유는 여름철과 겨울철에 맛의 차이가 있다고 합니다. 어느 계절의 우유가 더 고소한 맛이 날지 예상해서 써 보고 이유도 생각해 보세요.

계절	그렇게 생각한 이유

인성 선생님과 함께하는 영재성 키우기

3 깨칠이는 투명한 두 비커에 우유를 넣고 수평을 맞추었습니다. 그런데 한쪽 비커 속에 손가락을 넣어 보면 어떻게 될지 생각해 보세요(무게의 관점에서 생각).

손가락을 넣었을 때 현상	그렇게 생각한 이유

24. 혼합물은 어떻게 분리할 수 있을까요?

▶ 5학년 2학기 - 1. 혼합물의 분리

과학적 용어 알기

체: 가루를 곱게 치거나 액체를 거르는 데 사용하는 용구(기구)

거름: 거름종이나 여과기를 써서 액체 속에 들어 있는 침전물이나 입자를 걸러 냄

증발: 액체 상태에 있는 물질이 그 표면에서 기체 상태로 변하는 현상

소금이 만들어지기까지

우리 생활에 없어서는 안 될 소금, 이러한 소금은 어떻게 만들어지는 걸까요? 깨칠이와 친구들은 소금(천일염)을 만드는 염전으로 체험학습을 갔습니다. 염전에 도착하니 끝도 없이 펼쳐진 바둑판 같은 염전들이 많이 있었고, 사람들 모두 각각의 염전에서 분주하게 일을 하고 있었습니다. 인성 선생님은 이곳에서 만들어진 소금을 '천일염'이라고 부른다고 알려 주셨습니다. 그리고 소금이 어떻게 만들어지는지 직접 우리들을 데리고 다니면서 설명해 주셨습니다.

먼저 바닷물을 염전 근처 **저수지**라는 곳으로 모아서 보관합니다. 보관된 바닷물은 **수로**를 통해 염전의 증발지로 이동을 시킵니다. **증발지**는 바닷물을 바람과 햇빛으로 증발시켜 염분을 높이는 곳으로, 제1증발지와 제2증발지가 있습니다. 증발지에서 농축된 바닷물은 **함수 창고**라는 곳으로 보내어 모은 다음, 염도가 23~25도가 되면 소금 결정을 만드는 결정지로 다시 보냅니다. 이곳 **결정지**에서는 소금물의 염도가 27도 이상이 되면 소금꽃이 피기 시작하는데, 대파질을 통해 소금의 수분을 제거하는 **채염** 과정을 진행합니다. 결정지에서 수분이 제거된 소금은 **소금 창고**로 옮겨 간수를 뺀 뒤에, 최종적으로 우리 소비자들에게 유통됩니다.

깨칠이와 친구들은 소금(천일염)이 만들어지는 과정을 들으면서, 바닷물이 혼합물인 것을 알게 되었습니다. 그럼 바닷물과 같은 혼합물들이 우리 생활 속에서 분리되어 사용되는 경우를 좀 더 알아보도록 해요.

1. 저수지
바닷물(염도 1~2도)을 저수지로 유입시킨 후 채염 원료를 확보하기 위해 바닷물을 보관합니다.

2. 수로
소금으로 만들기 위해 저수지에 저장한 바닷물을 수로를 통해 제1증발지로 보냅니다.

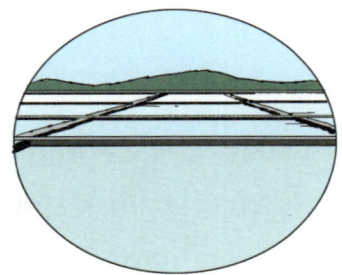

3. 제1증발지
해수를 농축시키는 곳으로 보통 7일 정도 증발시킨 후 제2증발지로 보냅니다(염분 6~8%).

4. 함수 창고
비나 겨울을 대비해 소금물을 보관하다가 염도가 23~25가 되면 소금물을 결정지로 보냅니다.

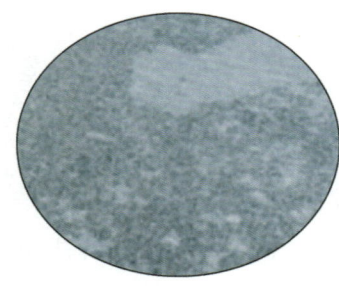

5. 결정지
소금물이 증발하여 염도가 27도 이상이 되면 소금꽃이 피기 시작합니다.

6. 채염
결정지에서 채취한 소금을 대파질로 모아 수분을 제거한 후 소금 창고로 이동합니다.

7. 소금 창고
창고에 보관한 소금은 간수를 뺀 후 소비자에게 유통됩니다.

혼합물은 어떻게 분리할 수 있을까요

▶ 체를 이용한 혼합물 분리(물체의 크기 차이)

크기가 다른 물체(알갱이)들이 섞여 있는 혼합물인 경우, 물체(알갱이)의 크기를 고려하여 체를 사용하면 쉽게 분리할 수 있습니다. 또한 체를 이용하여 혼합물을 분리할 때에는 물체(알갱이)의 크기와 체의 눈 크기를 비교하여 알맞은 체를 선택해서 사용해야 합니다.

- **물체(알갱이)의 크기 차이를 이용해 혼합물을 분리하는 예**
  - 해변의 쓰레기 수거 장비에 부착된 체를 사용하여 해변 쓰레기와 모래를 분리합니다.
  - 공사장에서 고운(크기가 작은) 모래를 골라낼 때 체를 사용합니다.
  - 은행에서 사용하는 동전 분리기는 여러 가지 크기가 섞여 있는 동전들을 크기 차이를 이용하여 한꺼번에 종류별로 분류합니다.

▶ 자석을 이용한 혼합물 분리(철이 자석에 붙는 성질)

철과 철이 아닌 물질들이 섞여 있는 혼합물을 분리할 때는 자석을 이용하면 쉽게 분리할 수 있습니다.

- **자석을 이용해 혼합물을 분리하는 예**
  - 폐건전지를 가루로 만든 뒤 철 성분을 분리할 때 자석을 이용합니다.
  - 약이나 식품 속에 들어 있는 철 성분을 분리할 때 자석을 이용합니다.
  - 재활용 쓰레기 분리장에서 철과 비철(철이 아닌 물질)을 분리하는 데 이용합니다.

▶ 거름(장치)을 이용한 혼합물 분리(물에 녹는 성질과 녹지 않는 성질)

물에 녹는 성질을 가진 물질과 물에 녹지 않는 물질이 섞여 있는 혼합물을 분리할 때는 거름(장치)을 이용하면 쉽게 분리할 수 있습니다.

- **거름(장치)을 이용해 혼합물을 분리하는 예**
  - 소금과 후추가 섞여 있는 혼합물을 분리할 때 거름 장치를 이용합니다.

- 원두커피를 걸러서 커피를 내릴 때도 거름 장치를 이용합니다.

▶ **증발을 이용한 혼합물 분리(물에 녹는 성질)**

물에 녹는 성질을 가진 물질에서 물과 물질을 분리할 때는 증발을 이용하면 쉽게 분리할 수 있습니다.

- **증발을 이용해 혼합물을 분리하는 예**
  - 소금물에서 소금을 분리할 때 증발을 이용합니다.
  - 설탕물에서 설탕을 분리할 때 증발을 이용합니다.

> **핵심개념**
> - 생활 속에서 필요한 물질을 얻기 위해 혼합물을 분리합니다.
> - 혼합물을 분리하는 방법은 혼합물 속에 섞여 있는 물질의 특성에 따라 달라집니다.

혼합물의 분리 방법 더 알아보기

- **밀도 차이를 이용한 혼합물의 분리**
  - **고체 혼합물의 분리**: 두 가지 고체 물질이 섞여 있는 혼합물의 경우, 두 물질의 중간 정도의 밀도를 갖는 액체에 넣어 분리할 수 있습니다. 액체보다 밀도(물체의 질량을 부피로 나눈 값)가 큰 고체는 액체 아래로 가라앉고, 액체보다 밀도가 작은 고체는 액체 위로 뜨기 때문입니다(예: 유리와 플라스틱의 혼합물 분리).
  - **액체 혼합물의 분리**: 서로 섞이지 않고 밀도가 다른 액체 혼합물의 경우, 분별 깔때기나 스포이트를 이용하여 분리합니다. 이때 밀도가 큰 액체는 아래로 가라앉고, 밀도가 작은 액체는 위로 뜨면서 층을 이루게 됩니다(예: 물과 식용유가 섞인 혼합물 분리).

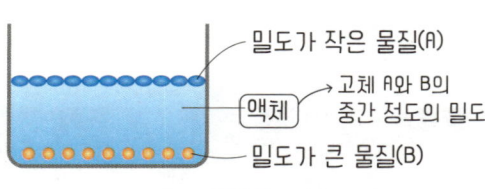
고체 혼합물의 분리
밀도 비교: 물질 B > 액체 > 물질 A

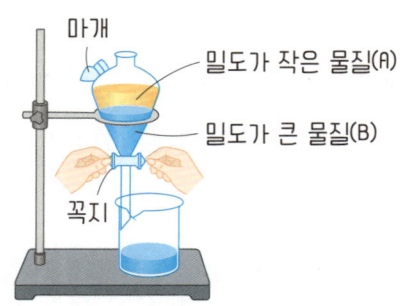
액체 혼합물의 분리
밀도 비교: 물질 B > 물질 A

• **끓는점의 차이를 이용한 혼합물의 분리(증류)**

액체를 가열하여 끓는점에 도달하면 액체는 기체 상태로 변합니다. 이때 기체를 다시 차갑게 식히면(냉각) 액체 상태가 되는데, 이를 모으면 순수한 액체를 얻을 수가 있습니다. '증류'는 섞여 있는 두 액체의 끓는점의 차이를 이용하여 액체를 분리하는 방법입니다. 증류에는 '단순 증류'와 '분별 증류'가 있는데 단순 증류는 두 액체의 끓는점의 차이가 클 때 사용하며, 분별 증류는 두 액체의 끓는점의 차이가 크지 않을 때 사용합니다. 특히, 분별 증류는 증류되어 나온 물질을 받아 모은 다음, 그 물질을 다시 증류하는 과정을 여러 번 반복하여 순수한 성분을 분리해 내는 방법입니다.

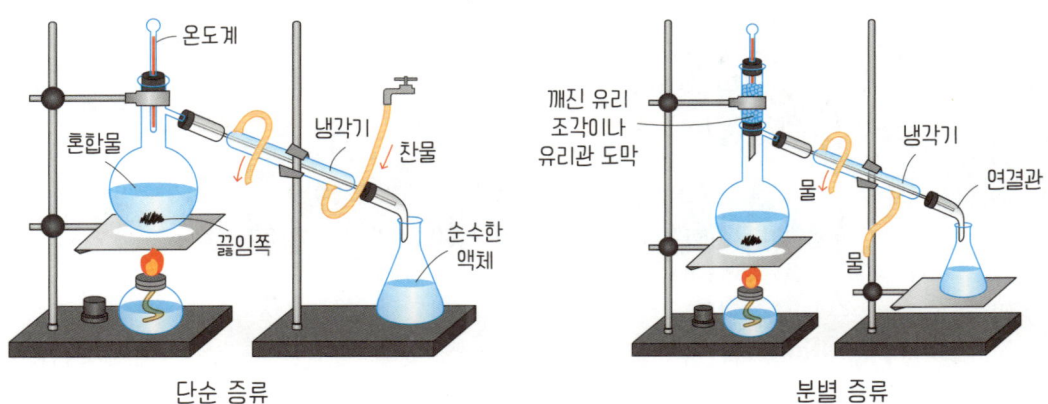

• **이동속도 차이를 이용한 혼합물의 분리(크로마토그래피)**

크로마토그래피는 복잡한 혼합물을 구성하고 있는 유사한 성분들을 분리할 수 있는 방법으로, 두 가지 이상의 성분으로 된 물질을 단일 성분으로 분리하는 기법입니다. 예를 들어 수성 사인펜 잉크를 사용해서 거름 종이에 점을 찍고 물에 올려 두면 잉크의 색이 분리되는 것을 확인할 수 있습니다.

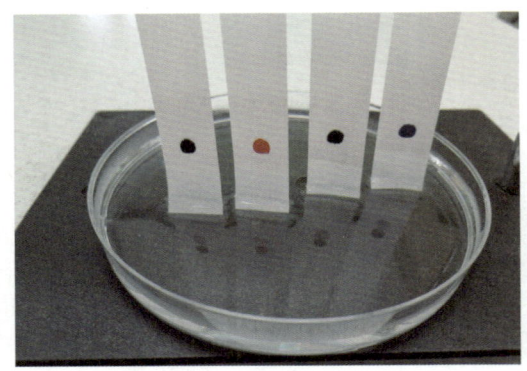 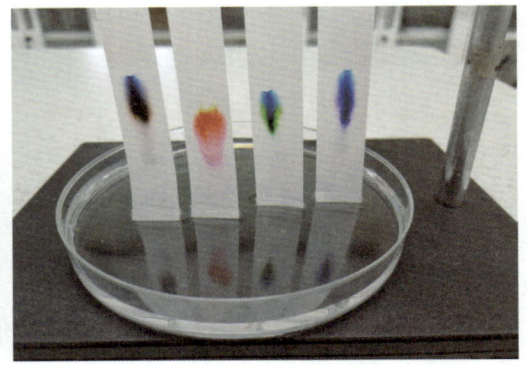

잉크 색소 분리 전   잉크 색소 분리 후

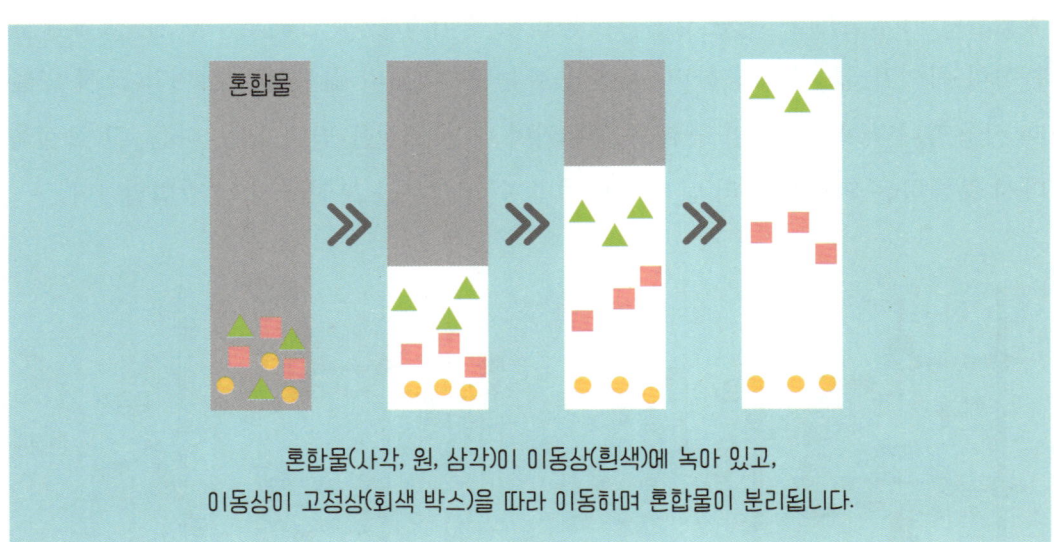

혼합물(사각, 원, 삼각)이 이동상(흰색)에 녹아 있고, 이동상이 고정상(회색 박스)을 따라 이동하며 혼합물이 분리됩니다.

인성 선생님과 함께하는 영재성 키우기

1 깨칠이는 그동안 모아 둔 동전 저금통을 들고 은행에 가서 지폐로 바꾸려고 합니다. 은행에 도착해서 직원분의 안내에 따라 동전 분류 기계에 여러 가지 크기의 동전을 넣으니, 순식간에 동전이 분류되면서 전체 금액이 계산되었습니다. 동전 분류 기계가 동전을 분류하는 방법을 설명해 보세요.

동전 분류 방법

2 깨칠이와 친구들은 후춧가루, 모래, 소금이 섞여 있는 혼합물을 각각 분리해 보려고 합니다. 한 번의 과정으로 분리할 수 있는 가장 간단한 방법을 생각해 보고 그 이유도 설명해 보세요.

분리하는 방법	그렇게 생각한 이유

25 나무 의자와 쇠 의자의 온도가 같다고요?

▶ 5학년 2학기 - 3. 열과 우리 생활

과학적 용어 알기

열: 온도가 높은 물체에서 온도가 낮은 물체로 이동하는 에너지

온도: 물체의 뜨겁고 차가운 정도를 표준에 따라 수치로 나타낸 값

체감 온도: 사람의 몸에 열이 들어오고 나가는 정도에 따라, 사람이 느끼는 상대적인 온도

어느 쪽 온도가 더 낮을까요?

추운 겨울 공원에 나무 의자와 쇠 의자가 있다면 어느 쪽 의자에 앉고 싶은가요?

나무 의자

쇠 의자

한쪽을 택하라면 당연히 나무 의자에 앉을 것입니다. 쇠 의자가 나무 의자보다 더 차갑기 때문입니다. 하지만 쇠 의자가 더 차가운 이유는 쇠 의자의 온도가 더 낮기 때문이 아닙니다. 이는 쇠가 앉는 사람한테서 나무보다 더 빨리 열을 빼앗아 가기 때문입니다. 다시 말하면, 내가 느끼는 따뜻하고 차가운 정도는 내 몸의 상태에 따라 달라집니다.

같은 온도, 다른 느낌

간단한 실험을 한 번 해 볼까요? 한 손은 따뜻한 물에, 다른 손은 얼음물에 넣고 1분 정도 있다가 두 손을 동시에 미지근한 물에 넣어 보세요. 따뜻한 물에 있던 손은 미지근한 물이 차갑게 느껴질 것이고, 얼음물에 있던 손은 미지근한 물이 따뜻하게 느껴질 겁니다.

그 이유는 우리가 느끼는 따뜻하고 차가운 정도는 내 몸에서 열이 들어오고 나가는 정도에 따라 다르기 때문입니다. 열이 우리 몸으로 들어오면 따뜻하게 느끼고, 열이 우리 몸에서 나가면 차갑게 느낍니다. 그리고 이동하는 열의 양이 더 많을수록 더 따뜻하게, 혹은 더 차갑게 느끼게 됩니다.

온도가 다른 두 물체가 붙어 있을 경우, 열은 항상 온도가 높은 쪽에서 온도가 낮은 쪽으로 흐릅니다. 온도가 같아지면 더 이상 열은 이동하지 않습니다. 그러므로 같은 곳에 있는 쇠 의자와 나무 의자는 모두 그곳의 공기와 같은 온도라고 할 수 있습니다. 하지만 쇠 의자가 나무 의자보다 열을 더 빨리 전달하기 때문에, 겨울에는 따뜻한 우리 몸에서 열을 빨리 뺏어 가서 더 차갑게 느껴집니다.

핵심개념

- 열은 항상 온도가 같아질 때까지 온도가 높은 쪽에서 낮은 쪽으로 흐릅니다. 그래서 함께 있는 두 물체는 시간이 지나면 온도가 같아집니다.
- 우리가 느끼는 온도(체감 온도)는 지금 우리 몸의 온도보다 높고 낮은지와 얼마나 많은 열이 들어오고 나가는지에 따라 달라집니다.
- 물질에 따라 열을 전달하는 속도가 다릅니다. 철과 같은 금속은 다른 물질보다 열을 더 빠르게 전달합니다.

그렇다면 여름철에도 쇠 의자와 나무 의자의 온도가 같을까요? 아닙니다. 여름철 한낮에는 쇠 의자의 온도가 나무 의자의 온도보다 더 높습니다. 왜냐하면 태양열을 받아서 데워지는 속도가 주변에 열을 보내어 식는 속도보다 더 빠르기 때문입니다.

물론 여름철 한낮에는 쇠 의자와 나무 의자 모두 주위의 기온보다 온도가 더 높습니다. 다만, 그중에서도 온도가 빨리 상승하는 쇠 의자가 나무 의자보다 더 뜨겁다는 의미입니다. 그래서 태양빛이 매우 강렬한 여름 한낮에 쇠 의자에 잘못 앉으면 화상을 입을 수도 있습니다.

인성 선생님과 함께하는 영재성 키우기

1 추운 겨울 공원에 두 종류의 의자가 놓여 있습니다. 두 의자의 온도를 비교하고 그 이유를 설명해 보세요.

나무 의자

쇠 의자

두 의자의 온도 비교	
그렇게 생각한 이유	

2 따뜻한 실내에서 나무로 만든 판과 쇠로 만든 판 위에 같은 크기의 얼음을 올려놓고, 어느 쪽 얼음이 먼저 녹는지 실험하였습니다. 실험 결과를 추론하고 그렇게 생각한 이유를 설명해 보세요.

얼음이 먼저 녹는 곳	
그렇게 생각한 이유	

151

26 머그컵 표면에 그림이 갑자기 나타나는 이유를 알아보아요

▶ 5학년 2학기 - 3. 열과 우리 생활

과학적 용어 알기

시온 물감(열변색 물감): 온도에 따라 색이 달라지는 물감

온도에 따라 색깔이 변하는 컵

온도에 따라 성질이 달라지는 물질이 있습니다. 특별히 온도에 따라 색깔이 변하는 물질을 '열변색 물질'이라고 하는데, 이러한 열변색 물질을 이용하여 만든 물감을 **시온 물감** 또는 **열변색 물감**이라고 합니다.

열변색 물감을 사용한 컵

그림과 같이 열변색 물감을 사용하면 온도에 따라 색이 변하기도 하고, 사라지기도 합니다. 컵에 뜨거운 물을 넣으면 뜨거운 물의 열이 컵으로 전달되어 높은 온도에서 반응하는 열변색 물감의 색을 변화시킬 수도 있고, 반대로 컵에 찬물을 넣으면 열이 빠져나가면서 컵의 온도를 낮추어 낮은 온도에 반응하는 열변색 물감의 색을 변화시킬 수도 있습니다.

접촉식 온도계의 원리

코로나19를 경험하면서 모든 학교에 보급된 대부분의 온도계는 적외선 온도계입니다. 우리 눈에는 보이지 않지만 모든 물체는 적외선을 주고받고 있습니다. 이 적외선은 온도에 따라 다르기 때문에 물체에서 나오는 적외선을 측정해서 그 물체의 온도를 알 수 있습니다. 하지만 적외선 온도계를 사용하기 전에는 대부분 접촉식 온도계를 사용했습니다. 대표적인 것이 빨간 줄이 오르내리는 알콜 온도계와 금속 봉이 있는 디지털 온도계입니다.

물체를 찍으면 바로 온도가 나오는 적외선 온도계와는 달리 접촉식 온도계는 물체의 온도를 측정하기 위해서 잠시 기다려야 합니다. 왜냐하면 접촉식 온도계는 접촉에 의해서 열이 이동하여 같은 온도가 되어야 정확한 물체의 온도를 측정할 수 있기 때문입니다. 앞장에서 배웠듯이 열은 온도가 높은 물체에서 낮은 물체로 이동하는데, 온도가 같아질 때까지 이동합니다. 이렇게 온도가 같아진 상태를 열평형 상태라고 하며, 접촉식 온도계는 서로 다른 물체가 접촉할 때 열평형 상태에 도달하는 원리에 의해서 온도를 측정합니다.

핵심개념

- 온도가 다른 두 물체가 붙어 있으면 온도가 높은 쪽에서 온도가 낮은 쪽으로 열이 이동하여 결국 둘의 온도가 같아지는데, 이렇게 온도가 같아진 상태를 열평형 상태라고 합니다.
- 접촉식 온도계는 열평형 상태가 되었을 때 정확한 온도를 알 수 있습니다.

한걸음 더 나아가기

물질마다 열을 저장할 수 있는 능력이 다릅니다. 어떤 물질 1g의 온도를 1℃ 올리는 데 필요한 열량을 '비열'이라고 합니다. 비열이 크다는 것은 그 물질의 온도를 변화시키는 데 많은 열에너지가 필요하다는 것이고, 또한 그 물질이 많은 열에너지를 저장할 수 있다는 뜻이기도 합니다. 다른 측면에서 보면 비열이 크다는 것은 그 물질의 온도가 쉽게 변하지 않는다는 의미가 되어 보온 효과가 높다는 것이 됩니다. 비열이 매우 큰 물질 중 하나가 물입니다. 물의 비열이 크기 때문에 몸의 70%가 물로 되어 있는 생물들은 온도가 다른 지역에서도 체온을 잘 유지하며 살 수 있습니다. 또한 똑같은 태양열을 받아도 비열이 작은 모래는 금방 온도가 높아지며 뜨거워지지만, 비열이 높은 바닷물은 온도가 서서히 높아지기 때문에 육지와 바다의 온도 차이가 생깁니다. 이러한 온도 차이 때문에 낮에는 육지의 공기가 뜨거워져 위로 올라가고, 시원한 바다의 공기가 육지 쪽으로 이동하면서 바람이 불게 됩니다. 이러한 바람을 '해풍'이라고 합니다. 반대로 밤에는 온도가 내려가는데, 육지는 비열이 낮아서 금방 식어 버리고, 바다는 천천히 식어서 상대적으로 바다의 온도가 더 높아집니다. 그러면 이번에는 육지에서 바다 쪽으로 바람이 불게 되는데 이러한 바람을 '육풍'이라고 합니다.

해풍(낮)　　　　　육풍(밤)

　육지와 바다 사이에서 하루 동안 방향이 바뀌는 바람을 '해륙풍'이라고 합니다. 대륙과 해양 사이에서는 1년 동안 전체적인 바람의 방향이 바뀌기도 하는데, 이를 '계절풍'이라고 합니다. 우리나라는 북서쪽에 아시아 대륙이 있고 남동쪽에 태평양이 있어서, 여름에는 태평양에서 아시아 대륙 쪽으로 부는 남동 계절풍이, 겨울에는 아시아 대륙 쪽에서 태평양 쪽으로 부는 북서 계절풍이 나타납니다. 이러한 바람이 모두 육지와 바다의 비열 차이에서 나타난다는 것이 참 신기합니다.

인성 선생님과 함께하는 영재성 키우기

깨칠이와 친구들은 다음과 같은 실험을 하였습니다. 실험을 보고 물음에 답하세요.

실험 방법

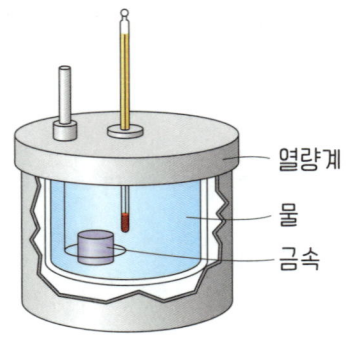

① 열량계(열의 출입이 없는 용기) 속에 20 ℃ 물 200 g을 넣습니다.
② 100 g 금속을 가열하여 100 ℃가 되었을 때 열량계 속에 넣고 물을 잘 섞어 주었습니다.

실험 결과

열량계 속 물의 온도는 서서히 올라가더니 5분 후에 물의 온도가 24 ℃가 된 이후부터는 변하지 않았습니다.

1 5분 후 물의 온도가 24 ℃가 되었을 때 금속의 온도는 몇 ℃일지 생각해 보세요.

(   )℃

인성 선생님과 함께하는 영재성 키우기

2 이 실험을 통해 알 수 있는 것 세 가지를 생각해 보세요.

구분	실험을 통해 알 수 있는 것
①	
②	
③	

3 접촉식 온도계의 온도 측정 부분이 가져야 할 특성을 두 가지 써 보세요.

구분	온도 측정 부분이 가져야 할 특성
①	
②	

27 에너지 형태에 대하여 알아보아요

▶ 5학년 2학기 - 4. 자원과 에너지

과학적 용어 알기

에너지: 일을 할 수 있는 능력을 뜻함
에너지의 형태: 열에너지, 빛에너지, 전기에너지, 화학에너지, 운동에너지, 위치에너지 등이 있음
에너지 자원: 인류의 생활과 경제 활동을 영위하기 위해 필요한 에너지를 획득할 수 있는 자원(지하자원, 재생 자원으로 구분됨)

일상생활 속 에너지 찾아보기

어제 인성 선생님께서 영재반 친구들에게 과학 과제를 하나 내어 주셨습니다. 과제의 내용은 우리가 집에서 학교까지 등교하면서 볼 수 있는 에너지 사용의 예들을 찾아오는 것입니다. 그래서 아침 일찍 깨칠이와 친구들은 집 앞에서 만나 학교로 걸어가면서 에너지 사용에 대한 예들을 찾기 시작했습니다. 제일 먼저 도로를 지나가는 버스, 택시 등 다양한 자동차들이 움직이는 데 에너지가 사용된다는 것을 찾았습니다. 전기 자동차는 전기가 사용되고, 일반 자동차에는 화석 연료가 사용됩니다. 두 번째로는 도로 주변에 줄지어 서 있는 나무들과 꽃들이 자랄 때 에너지가 사용됩니다. 세 번째, 횡단보도를 건널 때 빨간색 불과 초록색 불 그리고 안내하는 소리까지 모두 에너지가 사용됩니다. 네 번째, 학교 가는 길에서 볼 수 있는 건물들의 전등 빛과 음식점에서 음식들이 만들어지는 것 모두 에너지가 사용됩니다. 마지막으로 사람들과 함께 걷는 반려동물, 학교 주변의 비둘기, 참새들, 주변 사람들 모두 생명을 유지하기 위해 에너지를 사용하는 것을 알 수 있었습니다. 결국 우리 주변의 모든 것들이 에너지를 사용하고 있다는 사실을 알게 되었으며, 선생님께서는 이러한 에너지가 우리 생활 속에서 다양한 형태로 사용되고 있다고 말씀해 주셨습니다. 그럼 에너지의 형태에 대해 알아볼까요?

에너지의 형태 알아보기

에너지의 형태는 다양하지만, 대표적으로 열에너지, 빛에너지, 전기에너지, 화학에너지, 운동에너지, 위치에너지 등이 있습니다.

① 열에너지		물체를 구성하는 입자들의 운동에너지로 표현되며 열의 형태로 전달됩니다. 즉, 물질을 태우거나 마찰시킬 때 발생하는 에너지입니다. 예) 뜨거운 다리미, 작동 중인 온풍기 등
② 빛에너지		태양 빛이나 전등 빛 등이 가지고 있는 에너지입니다. 예) 햇빛, 전광판, 불이 켜진 가로등의 빛 등
③ 전기에너지		물질을 구성하고 있는 전자의 운동으로 발생하는 에너지로, 전류가 흐르면서 하는 일을 전기에너지로 나타냅니다. 예) 전기 자동차, 건전지, 스마트 기기 등
④ 화학에너지		화학 결합으로 물질에 저장되어 있는 잠재적 에너지이며, 화학 변화에 의해 다른 에너지로 변환될 수 있는 에너지입니다. 예) 광합성을 하는 나무, 화분의 식물, 음식 등
⑤ 운동에너지		운동하는 물체가 가지고 있는 에너지입니다. 예) 뛰어다니는 강아지, 움직이는 자전거, 달리는 사람 등
⑥ 위치에너지		물체가 힘이 작용하는 위치에 있을 때, 그 힘으로 인해 물체가 가지게 되는 에너지입니다. 예) 미끄럼틀 위에 있는 아이, 천장에 매달린 모형, 벽에 달린 액자 등

- 에너지의 형태에는 열에너지, 빛에너지, 전기에너지, 화학에너지, 운동에너지, 위치에너지 등이 있습니다.
- 에너지는 한 가지 형태로만 존재하는 것이 아니라, 어떤 형태의 에너지에서 다른 형태의 에너지로 바뀔 수 있습니다.

그 밖의 에너지 형태(원자력)

- 원자력에너지

핵분열이 연쇄적으로 일어나면서 생기는 막대한 에너지를 뜻하며 원자핵의 상태가 변하면서 에너지가 방출됩니다.

원자력의 가장 큰 장점은 적은 연료를 사용하여 막대한 양의 에너지를 얻을 수 있다는 점입니다. 원자력은 현재까지 인류가 보유한 에너지원 중에서 다른 자원들보다 훨씬 높은 에너지를 내는 자원입니다. 예를 들어 우라늄 1 g이 핵분열하여 내뿜는 에너지는 석유 2,000 L(리터) 또는 석탄 3 t(톤)의 에너지와 비슷합니다. 그만큼 원자력에너지는 전기 생산 비용 절감에 큰 도움을 주고 있습니다.

인성 선생님과 함께하는 영재성 키우기

1 깨칠이와 친구들이 동전으로 맞추기 게임을 하고 있습니다. 그림과 같이 3개의 동전이 나란히 있고 조금 떨어진 곳에서 화살표 방향으로 동전 A를 튀겼을 경우 동전 A, B, C, D는 어떻게 되는지 보기에서 정답을 찾아보세요. (   )

(동전 A, B, C, D는 모두 똑같은 동전임)

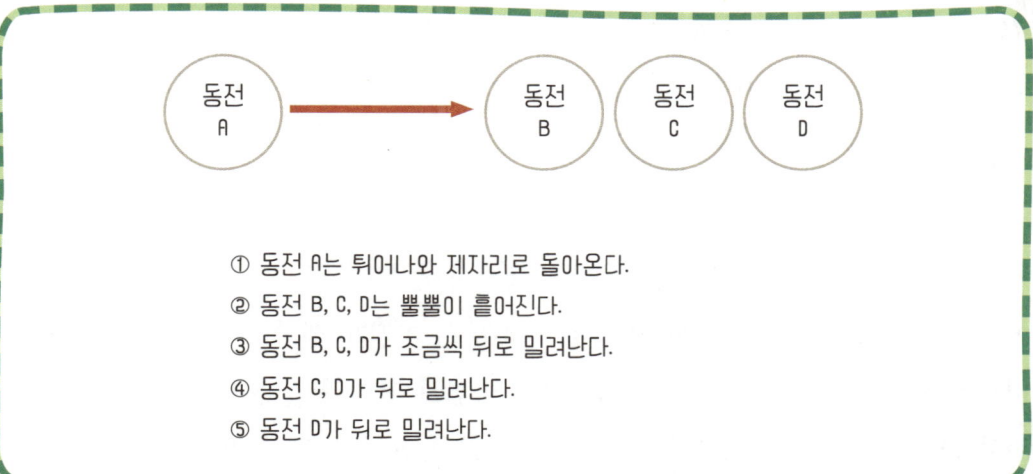

① 동전 A는 튀어나와 제자리로 돌아온다.
② 동전 B, C, D는 뿔뿔이 흩어진다.
③ 동전 B, C, D가 조금씩 뒤로 밀려난다.
④ 동전 C, D가 뒤로 밀려난다.
⑤ 동전 D가 뒤로 밀려난다.

2 1번에서 선택한 결과에 대해 그렇게 생각한 이유를 설명해 보세요.

그렇게 생각한 이유

28 에너지는 써도 사라지지 않는다고요?

▶ 5학년 2학기 - 4. 자원과 에너지

과학적 용어 알기

에너지 전환: 어떤 형태의 에너지가 다른 형태의 에너지로 바뀌는 것

에너지 효율: 투입한 에너지에 대해 이용할 수 있는 에너지의 비율(반응시킨 에너지 중 얼마나 많은 에너지가 회수되는지의 비율)

에너지 보존 법칙: 에너지가 다른 에너지로 전환될 때 전환 전후의 에너지 총합은 일정하게 보존된다는 법칙

에너지는 써도 사라지지 않는다-에너지 보존 이야기

에너지를 사용해도 사라지지 않는다. 여러분은 어떻게 생각하나요? 내가 분명 에너지를 사용했는데 사라진 것이 아니라니 마법사도 아니고, 신기하지요? 열에너지, 전기에너지, 화학에너지, 운동에너지 등 우리 주변에서 볼 수 있는 에너지의 형태는 얼마든지 바뀌거나 서로 다른 물체 사이에 전달될 수 있습니다. 하지만 '일을 할 수 있는 능력'을 뜻하는 에너지 자체는 만들어지거나 사라지지 않으며, 지구를 너머 우주 전체 에너지의 양도 언제나 일정하게 유지된다고 합니다.

여러분들이 자주 사용하는 스마트폰을 떠올려 볼까요? 스마트폰에서는 배터리의 화학에너지가 전기에너지로 바뀌는데, 스마트폰은 이 에너지를 가지고 정보처리 등 여러 가지 활동들을 합니다. 그런데 스마트폰을 많이 사용하게 되면 스마트폰이 따뜻해지는 것을 여러분들도 경험하였지요? 이는 스마트폰의 전기에너지가 열에너지로 바뀐 것이랍니다. 또한 스마트폰을 충전할 때는 반대로 전기에너지가 배터리의 화학에너지로 바뀌면서, 전기에너지의 일부분이 열에너지로도 바뀝니다. 이처럼 에너지의 형태는 바뀔 수 있지만 에너지의 양은 사라지지 않고 일정하다는 사실, 이것을 물리학에서는 **에너지 보존 법칙**이라고 합니다.

에너지의 전환 사례 알아보기

우리는 음식을 먹고 화학에너지를 얻은 다음, 이를 다시 열에너지나 운동에너지로 바꿔서 생활하고 있습니다. 이처럼 어떤 형태의 에너지가 다른 형태의 에너지로 바뀌는 것을 **에너지 전환**이라고 말합니다. 우리 생활 속에서 에너지 전환 사례를 알아봅시다.

① 롤러코스터		롤러코스터가 높은 곳으로 올라가기 위해서는 전기에너지가 필요하며, 높은 곳에 올라간 롤러코스터는 위치에너지를 가집니다. 롤러코스터가 내려오기 시작하면, 이 위치에너지가 운동에너지로 전환됩니다. < 전기에너지 → 위치에너지 → 운동에너지 >
② 전등(구)		전등에 들어오는 전기에너지는 빛에너지로 전환하여 실내를 밝히고 열에너지도 방출합니다. <전기에너지 → 빛에너지, 열에너지>
③ 헤어드라이어		헤어드라이어는 전기에너지가 기기의 모터를 작동시켜 운동에너지로 바꿉니다. 이때 뜨거운 공기를 만들어 내는 열에너지와 헤어드라이어의 소음인 소리에너지도 만들어 냅니다. <전기에너지 → 운동에너지 → 열에너지, 소리에너지>
④ 핫팩(손난로)		핫팩을 흔들거나 주물러 주면 핫팩 속의 물질인 화학에너지가 열에너지로 바뀌어 핫팩이 따뜻해집니다. <화학에너지 → 열에너지>
⑤ 태양 전지		태양 전지는 태양의 태양광(빛에너지)을 감광성 재료인 플레이트를 통해 흡수하여 전기에너지로 변환합니다. <태양의 빛에너지 → 전기에너지>
⑥ 광합성을 하는 식물		식물은 광합성을 통해 태양의 빛에너지를 화학에너지로 변환하고, 포도당과 환경에 필수적인 산소를 생성합니다. <태양의 빛에너지 → 식물의 화학에너지>

163

- 어떤 형태의 에너지가 다른 형태의 에너지로 바뀌는 현상을 에너지 전환이라고 합니다.
- 여러 가지 자연 현상은 태양에서 온 에너지가 다양한 에너지로 전환되어 나타납니다.

태양에너지

태양은 태양계에서 유일한 항성(스스로 에너지를 생성하는 천체)으로, 생성한 에너지를 우주로 방출합니다. 이렇게 태양에서 생성되어 오는 에너지를 태양에너지라고 부릅니다. 지구에 도달한 태양에너지의 일부는 대기와 지표에 흡수되지만, 흡수된 에너지는 열에너지나 역학적 에너지로 전환되어 바람을 불게 하거나 물을 증발시켜 구름을 생성하는 등 지구 안에서 여러 가지 자연 현상을 일으킵니다. 또한 식물은 광합성으로 태양에너지를 화학에너지로 전환해 양분을 저장합니다. 이와 같이 태양에너지는 지구의 에너지 근원으로 지구상의 모든 생명 활동에 영향을 줍니다.

역학적 에너지

운동하고 있는 물체의 위치에너지와 운동에너지는 서로 전환될 수 있는데, 이때 물체의 위치에너지와 운동에너지의 합을 역학적 에너지라고 하며, 이 합은 항상 같은 값으로 일정하게 정해집니다.

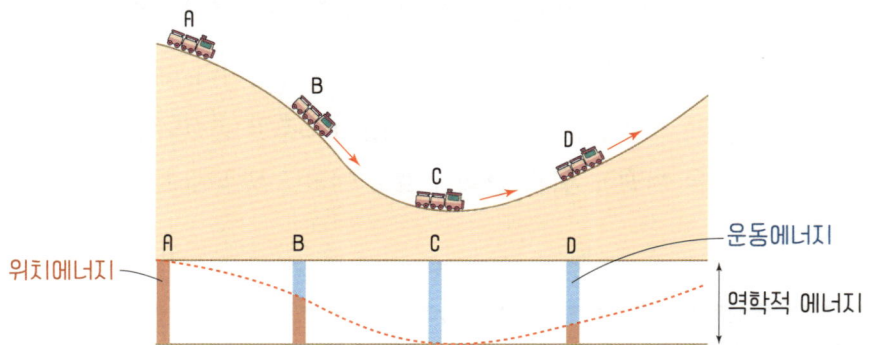

A. 롤러코스터가 최고 위치에 있을 때 위치에너지를 최대로 가진다.

B. 점점 내려오면서 위치에너지 중 일부가 운동에너지로 전환된다.

C. 최저점에서는 위치에너지가 전부 운동에너지로 바뀌어, 운동에너지가 최대가 된다.

D. 위로 상승하면서 운동에너지가 위치에너지로 전환된다.

인성 선생님과 함께하는 영재성 키우기

1 깨칠이는 공놀이를 하다가 공을 하늘 높이 던져보았습니다. 깨칠이가 지면에서 수직으로 던진 공이 가장 높은 곳까지 올라가는데 5초가 걸렸다면 공이 다시 내려올 때 걸리는 시간은 어떻게 될지 선택해 보고 이유도 생각해 보세요(공은 공기의 저항을 받음).

① 공이 내려올 때 걸린 시간은 5초보다 작게 걸릴 것이다.
② 공이 내려올 때 걸린 시간은 5초일 것이다.
③ 공이 내려올 때 걸린 시간은 5초보다 많이 걸릴 것이다.

내려올 때 걸리는 시간	그렇게 생각한 이유

2 깨칠이와 친구들은 서커스 단원이 공중 묘기를 하는 장면을 TV로 보고 있습니다. 그네를 잡고 있는 사람이 최고 높이에 도착한 순간 그네에서 손을 놓았을 때 그 사람은 어느 방향으로 떨어질지 생각해 보세요.

손을 놓았을 때 방향	그렇게 생각한 이유

6학년 1학기

- 산과 염기
- 물체의 운동

29 생활 속에서 산성 용액과 염기성 용액의 쓰임에 대해 알아보아요

▶ 6학년 1학기 - 1. 산과 염기

과학적 용어 알기

산성: 산이 나타내는 공통적인 성질
염기성: 염기가 나타내는 공통적인 성질
산: 산성을 나타내는 물질(예: 염산, 아세트산, 구연산 등)
염기: 염기성을 나타내는 물질(예: 수산화 나트륨, 베이킹파우더 등)

산과 염기를 알아보아요

우리 주변의 많은 물질들은 산성 또는 염기성을 나타내는 산과 염기입니다. 일부의 **산**은 신맛을 내고, **염기**는 손에 닿으면 미끈거리며 일부는 쓴맛을 내는 물질입니다. 그렇다면 산과 염기가 사라진다면 무슨 일이 일어날까요? 단순하게 생각하면 오렌지, 레몬, 김치, 식초 등의 음식에서 새콤한 맛을 더 이상 즐길 수 없을 것이고, 비누나 샴푸 등 염기성 물질의 미끈거림도 느낄 수 없을 것입니다. 뿐만 아니라 산과 염기는 신체, 자연환경, 지구의 필수 요소로 작용하고 있기 때문에, 산과 염기가 없어질 경우 우리 몸에서 일어나는 다양한 반응들이 뒤죽박죽되어 버려 생명체가 모두 사라져 버릴지도 모릅니다. 따라서 산과 염기는 자연과 생명체에게 꼭 필요한 물질이라고 할 수 있습니다.

생활 속에서 산성 용액과 염기성 용액의 이용

이렇게 자연과 생명체에게 중요한 역할을 담당하는 산성 용액과 염기성 용액은 우리 생활 속에서도 다양하게 이용되고 있습니다.

1) 도마를 식초로 닦아 내면 도마에 묻어 있는 세균과 미생물을 제거할 수 있습니다.
2) 강한 산성 용액인 구연산을 이용하여 싱크대에 묻어 있는 염기성 때를 제거할 수 있습니다.
3) 귤의 속껍질을 산성 용액을 이용하여 벗겨 낸 후 통조림으로 만듭니다.
4) 염기성 용액인 제산제는 속을 쓰리게 하는 물질(위산)의 성질을 약하게 합니다.
5) 충치를 만드는 입안의 산성 물질은 염기성 용액인 치약을 이용하여 없앨 수 있습니다.
6) 염기성 용액인 표백제로 찌든 때와 세균을 없앨 수 있습니다.

핵심개념

- 산과 염기는 생명체와 지구에 꼭 필요한 물질입니다.
- 산성 용액과 염기성 용액은 식품, 의약품, 주방용품, 청소용품 등 우리 생활 속에서 다양하게 사용되고 있습니다.
- 산성 용액에 염기성 용액을 섞어 주면 산성 용액의 성질이 약해지다가 염기성으로 변하며, 염기성 용액에 산성 용액을 섞어 주면 염기성 용액의 성질이 약해지다가 산성으로 변합니다.

산성(산의 공통적인 성질)

- 일부 유기산들은 신맛이 납니다.
- 대부분의 금속과 반응하여 수소 기체를 발생시킵니다.
- 리트머스 종이를 붉게 변화시킵니다.

염기성(염기의 공통적인 성질)

- 대부분 쓴맛이 나고 일부는 비린내가 납니다.
- 피부에 닿으면 단백질을 녹여서 미끈거립니다.
- 리트머스 종이를 푸르게 변화시킵니다.

pH(수소 이온 농도 지수)

산성과 염기성의 기준이 되는 수소 이온의 농도를 나타내는 척도로, 용액에서 산성이나 염기성 정도를 나타냅니다. pH는 25 °C에서 0~14까지의 숫자로 나타내며, 순수한 물의 pH인 7이 기준이 됩니다. pH가 7보다 작을수록 수소 이온의 농도는 높아지고(산성이 강해짐), pH가 7보다 클수록 수소 이온의 농도는 낮아집니다(염기성이 강해짐).

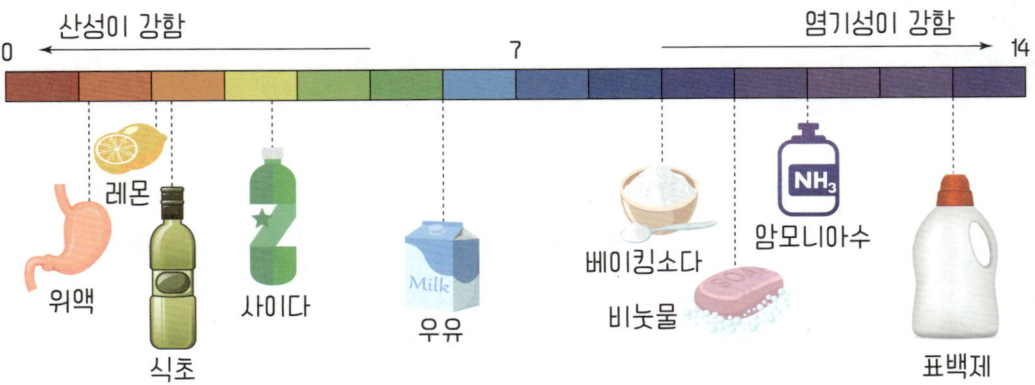

여러 가지 물질의 pH

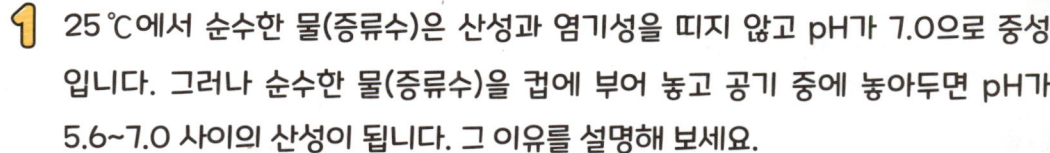

인성 선생님과 함께하는 영재성 키우기

1 25℃에서 순수한 물(증류수)은 산성과 염기성을 띠지 않고 pH가 7.0으로 중성입니다. 그러나 순수한 물(증류수)을 컵에 부어 놓고 공기 중에 놓아두면 pH가 5.6~7.0 사이의 산성이 됩니다. 그 이유를 설명해 보세요.

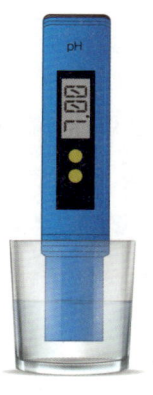 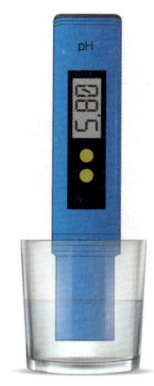

순수한 물(증류수)   공기 중에 놓아둔 물

이유	

2 빗물의 pH가 5.6 미만인 비를 산성비라고 합니다. 산성비가 내리는 원인을 과학적으로 설명해 보세요. 그리고 산성비로 인해 나타나는 피해를 조사해 보세요.

산성비가 내리는 원인	산성비로 인해 나타나는 피해

171

30 용액의 색을 바꾸는 마법 지시약!

▶ 6학년 1학기 - 1. 산과 염기

과학적 용어 알기

지시약: 산성 용액과 염기성 용액에 넣었을 때, 색깔에 따라 용액의 액성(산성 또는 염기성)을 알려 주는 시약

안토시아닌: 꽃이나 과일 등에 들어 있는 색소. 용액의 액성에 따라 빨간색, 보라색, 파란색 등을 나타내어 천연 지시약으로 사용 가능

천연 지시약: 자연에서 쉽게 구할 수 있는 과일, 채소, 꽃 등으로 만들 수 있는 지시약

토양의 액성에 따라 꽃의 색깔이 달라져요

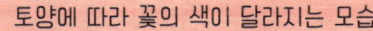
토양에 따라 꽃의 색이 달라지는 모습

산성 토양에서 핀 꽃 | 염기성 토양에서 핀 꽃

6~7월 초여름 물이 풍부한 화단이나 정원에서 쉽게 볼 수 있는 꽃인 수국은 푸른색과 분홍색 등 다양한 색을 관찰할 수 있습니다. 수국은 처음에는 초록색이 살짝 비치는 흰색이지만, 시간이 지나면 파란색 또는 보라색(핑크색)으로 변합니다. 수국의 꽃 색깔이 흰색에서 파란색 또는 보라색으로 변한 이유는 무엇일까요?

용액의 액성을 알려 주는 지시약

수국에는 **안토시아닌**이라는 색소가 있는데 수국이 심어진 토양의 액성에 따라 안토시아닌은 각기 다른 색을 나타냅니다. 그래서 산성에서는 파란색 꽃이, 염기성에서는 보라색(핑크색) 꽃이 핍니다. 안토시아닌과 같이 산성 용액과 염기성 용액에서 다른 색을 나타내어 용액의 액성(산성 또는 염기성)을 알 수 있는 시약을 **지시약**이라고 합니다. 가장 대표적인 지시약으로는 리트머스이끼를 이용하여 만든 리트머스 종이가 있습니다. 리트머스 종이는 붉은색과 푸른색의 두 가지가 있는데, 푸른색 리트머스 종이가 붉은색으로 변하면 용액이 산성이라는 것을, 붉은색 리트머스 종이가 푸른색으로 변하면 용액이 염기성이라는 것을 알 수 있습니다.

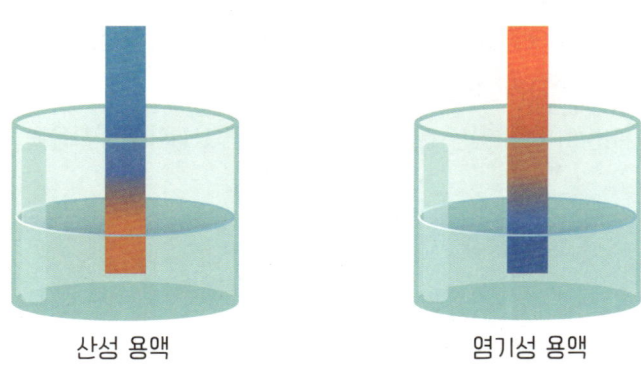

산성 용액   염기성 용액

리트머스 종이 이외에도 대표적인 지시약으로는 BTB, 메틸오렌지, 페놀프탈레인 등의 화학약품이 있으며 그 색깔 변화는 다음과 같습니다.

	리트머스	페놀프탈레인	BTB	메틸오렌지 메틸레드
산성	붉은색	무색	노란색	빨간색
중성	-	무색	초록색	노란색
염기성	푸른색	붉은색	파란색	노란색

천연 지시약

우리 주변에서 쉽게 구할 수 있는 과일, 채소, 꽃 등으로 만들 수 있는 지시약을 **천연 지시약**이라 합니다. 안토시아닌이 들어 있는 꽃과 과일은 천연 지시약의 역할을 할 수 있습니다. 지금까지 알려진 안토시아닌이 들어 있는 식물은 400여 종 이상이며, 대표적인 식물로는 자주색 양배추, 검은콩, 흑미, 나팔꽃, 당근, 포도(즙), 장미꽃 등이 있습니다.

핵심개념

- 지시약은 산성 용액과 염기성 용액에서 반응하는 색깔이 다르므로, 지시약을 이용하면 용액의 액성을 구분할 수 있습니다.
- 안토시아닌을 포함하고 있는 수국은 토양의 액성이 산성이면 파란색, 염기성이면 보라색(핑크색)이 진해집니다.
- 안토시아닌이 들어 있는 과일, 채소, 꽃은 천연 지시약으로 사용될 수 있습니다.

 한걸음 더 나아가기

안토시아닌의 색 변화

포도에는 안토시아닌 색소가 들어 있습니다. 그래서 흰옷에 포도 주스가 묻게 되면 포도 주스 속의 안토시아닌 성분으로 인해 흰옷에 보라색 얼룩이 나타나게 됩니다. 이 얼룩에 비눗물(염기성 용액)을 이용하여 비벼 주면 안토시아닌 색소가 염기성인 비누를 만나 푸른색이 되므로, 흰옷에 묻어 있던 얼룩이 보라색에서 다시 푸른색으로 변하게 됩니다.

흰옷에 묻은 보라색의
포도 주스 얼룩

비눗물 세척

비눗물 세척 후 푸른색의
포도 주스 얼룩

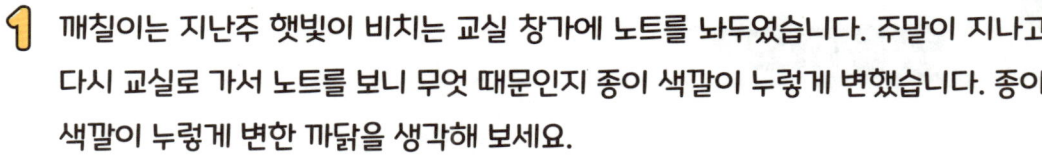

인성 선생님과 함께하는 영재성 키우기

1 깨칠이는 지난주 햇빛이 비치는 교실 창가에 노트를 놔두었습니다. 주말이 지나고 다시 교실로 가서 노트를 보니 무엇 때문인지 종이 색깔이 누렇게 변했습니다. 종이 색깔이 누렇게 변한 까닭을 생각해 보세요.

종이 색깔이 누렇게 변한 까닭

2 1번에서 종이의 색깔이 변하는 현상과 비슷한 예로 사과의 갈변 현상(깎은 사과가 갈색으로 변색되는 현상)이 있습니다. 깎아 놓은 사과가 갈변되지 않게 하는 방법과 이유를 생각해 보세요.

갈변되지 않게 하는 방법과 이유

31 물체의 빠르기는 어떻게 나타낼 수 있을까요?

▶ 6학년 1학기 - 2. 물체의 운동

과학적 용어 알기

물체의 운동: 시간이 지남에 따라 물체의 위치가 변하는 것
물체의 빠르기: 속도, 속력
속력: 빠르기를 유지할 때 단위 시간 동안의 이동한 거리
속도: 단위 시간 동안의 변위(방향과 크기를 모두 포함하는 말)

운동하는 물체의 빠르기 비교

사막여우와 북극여우는 같은 장소에서 살 수가 없습니다. 그렇다면 어떻게 이 동물들의 빠르기를 비교할 수 있을까요? 이 문제를 해결하기 위한 방법은 '시간'과 '거리'에서 찾을 수가 있습니다. 장소는 비록 다르더라도, 각각의 여우에게 같은 거리를 달리게 한 다음 걸린 시간을 재어 보거나 같은 시간 동안 달리게 하여 거리를 측정해 보면 빠르기를 비교할 수 있습니다. 예를 들어 사막여우가 100 m 거리를 달리는 데 20초가 걸리고, 북극여우가 100 m를 달리는 데 10초가 걸렸다면, 북극여우는 사막여우보다 빠르다고 할 수 있는 것이지요. 또한, 같은 시간인 10초 동안 사막여우는 50 m를 달렸고 북극여우는 100 m를 달렸다면, 이 경우에도 북극여우가 사막여우보다 빠르다고 할 수 있답니다.

물체의 빠르기 나타내기

물체의 빠르기를 나타내는 단위에는 보통 m/s와 km/h 등을 사용합니다. m/s(미터 퍼 세컨드)는 1초 동안 이동한 거리를 m(미터)로 나타낸 것이고, km/h(킬로미터 퍼 아워)는 1시간 동안 이동한 거리를 km(킬로미터)로 나타낸 것입니다.

여기서 '이동(한) 거리'란 처음 위치와 나중 위치의 차이를 나타내므로 우리는 앞에서 나왔었던 사막여우와 북극여우의 빠르기를 속력으로 나타내어 비교할 수 있습니다.

$$속력 = \frac{이동\ 거리}{걸린\ 시간}$$

- 이동 거리: 100 m
- 걸린 시간: 20초
- ▶ 속력: 5 m/s

- 이동 거리: 50 m
- 걸린 시간: 10초
- ▶ 속력: 5 m/s

사막여우

- 이동 거리: 100 m
- 걸린 시간: 10초
- ▶ 속력: 10 m/s

※ 속력이 10 m/s인 북극여우는 속력이 5 m/s인 사막여우보다 빠릅니다.

북극여우

핵심개념

- 물체의 운동은 기준이 되는 위치(기준점)로부터 물체의 상대적 위치 변화를 측정해서 관찰할 수 있습니다. 이때, 물체의 위치가 변하지 않았다면 그 물체는 정지해 있다고 말합니다.
- 속력은 단위 시간 동안 물체가 이동한 거리로, 물체의 이동 거리를 걸린 시간으로 나누어 구합니다.

물 위를 이동하는 배와 하늘을 나는 비행기는 어떻게 빠르기를 나타낼까요?

선박이나 항공기, 바람 등의 속력을 나타내는 단위는 'kn(노트)'를 씁니다. kn(노트)는 물체가 이동한 거리를 m(미터), km(킬로미터)로 측정하는 것이 아니라 '해리'라는 단위를 사용합니다. 즉, 1 kn는 1시간 동안 1해리(=1,852 m)를 이동한 속력을 나타내며, 1 kn=1,852 m/h 또는 1.852 km/h이 됩니다.

'마하(mach)'라는 단위는 공기 중에 전파되는 소리의 빠르기인 '음속'을 기준으로 물체의 속력을 나타내는 것입니다. 음속은 약 340 m/s인데, 시속으로 바꾸어 보면 1,224 km/h이며 이와 같은 빠르기를 '마하 1'이라고 합니다. 단위는 'M' 기호를 사용하고, 보통 공기 속에서 고속으로 움직이는 탄환, 초음속 비행기, 미사일 등의 속력을 나타냅니다.

속력을 나타내는 단위

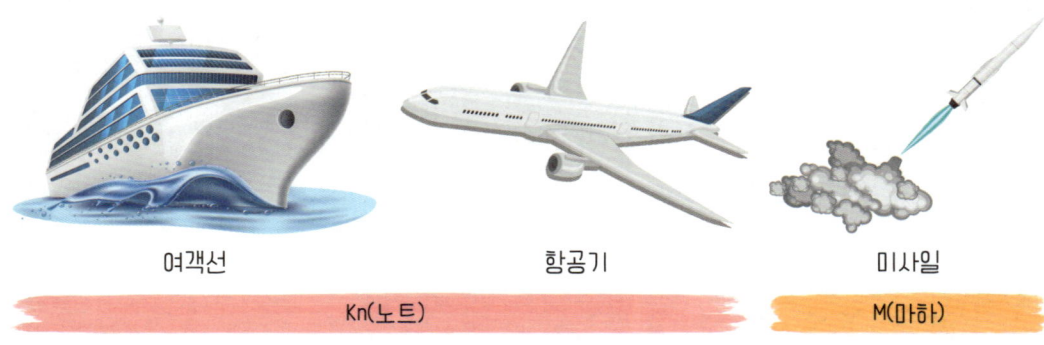

인성 선생님과 함께하는 영재성 키우기

1 깨칠이와 친구들은 자신이 좋아하는 육상 곤충의 빠르기를 비교해 보기로 했습니다. 이 곤충들의 빠르기를 비교할 수 있는 방법 두 가지를 설명해 보세요.

 깨칠이가 좋아하는 곤충 — 개미

 영웅이가 좋아하는 곤충 — 공벌레

 소민이가 좋아하는 곤충 — 사슴벌레

구분	빠르기를 비교할 수 있는 방법
①	
②	

32. 토끼보다 거북이가 더 빠르다고요?

▶ 6학년 1학기 - 2. 물체의 운동

과학적 용어 알기

위치: 물체가 있는 장소나 공간을 기준점으로부터 방향과 거리로 나타낸 것
장소: 물체가 있는 장소나 공간을 물체의 이름이나 지명을 사용해 나타낸 것
순간 속력: 매우 짧은 시간 동안 이동한 거리를 걸린 시간으로 나눈 것
평균 속력: 일정한 시간 동안 이동한 거리를 걸린 시간으로 나눈 것

토끼보다 빠른 거북이

이솝우화 속에 나오는 토끼와 거북이의 이야기입니다. 옛날 옛적에, 토끼와 거북이가 살고 있었습니다. 토끼는 매우 빨랐고, 거북이는 매우 느렸답니다. 그런데 어느 날 토끼가 거북이를 느림보라고 놀려 대자, 기분이 상한 거북이는 토끼에게 달리기 경주를 제안하였습니다. 마침내 경주가 시작된 후, 토끼는 거북이가 한참 뒤처진 것을 확인하고는 중간에 있는 큰 나무 모퉁이에 기대어 낮잠을 자고 맙니다. 토끼가 낮잠을 길게 자는 동안, 거북이는 토끼를 지나쳐 결승점으로 계속해서 걸어갔습니다. 잠에서 문득 깬 토끼는 거북이가 자신을 추월했다는 사실을 깨닫고 재빨리 뛰어갔지만, 거북이가 결승점에 먼저 도착하여 승리하게 되었습니다. 이야기 속에서 토끼와 거북이 중 누가 빠르다고 할 수 있을까요?

토끼와 거북이의 빠르기 비교

우리는 앞에서 물체의 빠르기 단위인 m/s와 km/h 등을 배웠습니다. 그리고 속력은 단위 시간 동안 물체가 이동한 거리를 말하며, 물체의 이동 거리를 걸린 시간으로 나누어 구하는 것도 배웠습니다. 그러면 토끼와 거북이의 빠르기를 비교해 볼까요?

- 경주 거리: 120 m
- 토끼가 큰 나무까지 간 거리: 60 m
- 토끼가 큰 나무까지 간 시간: 10초
- 거북이가 결승점에 도착한 시간: 20분
- 토끼가 낮잠 잔 시간: 39분 40초
- 토끼가 결승점에 도착한 시간: 40분

토끼와 거북이의 빠르기 계산

$$속력 = \frac{이동\ 거리}{걸린\ 시간}$$

(거북이의 평균 속력) = 120 m/20분, 6 m/min

(토끼의 평균 속력) = 120 m/40분, 3 m/min

(거북이의 순간 속력) = 6 m/60초, 10 cm/s

(토끼의 순간 속력) = 60 m/10초, 6 m/s = 600 cm/s

여러분은 토끼와 거북이 중에서 누가 빠르다고 생각하나요? 이야기 속 경주에서 토끼와 거북이의 평균 속력을 비교해 보면, 거북이의 평균 속력은 6 m/min이고 토끼의 평균 속력은 3 m/min입니다. 거북이가 토끼보다 2배 더 빠르다고 말할 수 있습니다. 하지만 토끼와 거북이의 순간 속력을 비교해 보면, 토끼는 600 cm/s이고 거북이는 10 cm/s로, 토끼가 거북이보다 60배나 빠르다는 것을 알 수 있습니다.

핵심개념

- 속력의 단위

속력의 단위는 길이 단위와 시간 단위를 조합한 것으로, 각각의 단위를 조합한 수만큼 여러 가지로 만들 수 있습니다.

시간 \ 길이	mm (밀리미터)	cm (센티미터)	m (미터)	km (킬로미터)
s(초)	mm/s	cm/s	m/s	km/s
min(분)	mm/min	cm/min	m/min	km/min
h(시간)	mm/h	cm/h	m/h	km/h

한걸음 더 나아가기

도로에서 과속 차량은 어떻게 단속할까요? 도로에서 과속 차량을 단속하는 방법에는 **순간 속력**을 측정하는 방법과 일정한 구간에서 **평균 속력**을 측정하는 방법, 이렇게 두 가지가 있습니다. 먼저 가장 많이 볼 수 있는 과속 단속 방법으로는 과속 카메

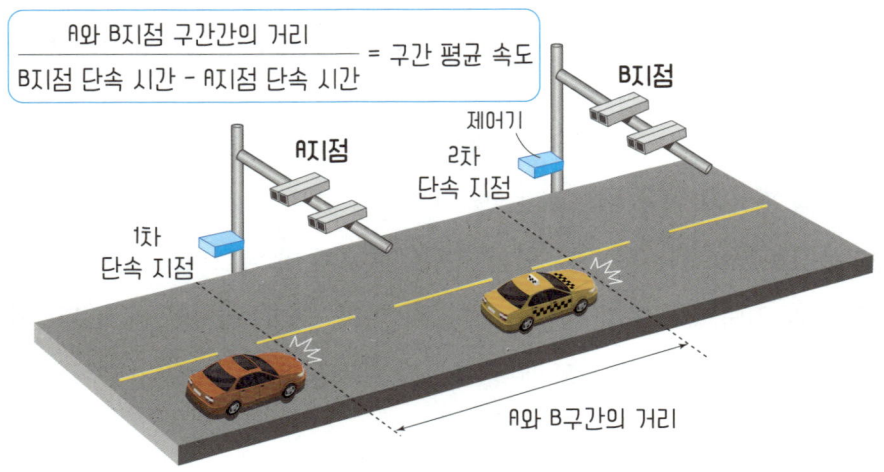

라(스피드 건)로 지나가는 자동차를 촬영해 **순간 속력**을 측정하는 것입니다. 반면에 구간 단속에서는 특정한 도로 구간의 시작 지점에서 차량을 촬영하고 도로 구간의 끝 지점에서도 촬영합니다. 그래서 시작 지점부터 끝 지점까지 차량이 통과하는 시간과 이동 거리를 측정해, 전체 구간에서의 **평균 속력**을 구합니다.

단속 구간의 전체 거리가 10 km이고 속도 제한이 100 km/h라고 할 때, 100 km/h 속력으로 이동하는 자동차가 단속 구간을 통과하는 데는 6분이 걸립니다. 따라서 자동차가 단속 구간을 통과하는 데 6분보다 더 짧은 시간이 걸렸다면 과속으로 판정합니다.

인성 선생님과 함께하는 영재성 키우기

1 하늘초 영재반에서 수업을 듣던 깨칠이와 친구들은 창밖에서 번쩍이는 번개를 보고 나서 9초 후에 천둥소리를 들었습니다. 얼마나 멀리 떨어진 곳에서 번개와 천둥이 시작되었는지 쓰고, 그렇게 생각한 이유를 설명해 보세요.

빛의 속력 : 약 300,000 km/s, 소리의 속력 : 약 340 m/s

번개와 천둥이 시작된 지점의 거리	약 (　　　)m
그렇게 생각한 이유	

2 에스컬레이터는 공공장소나 건물 안에서 쉽게 볼 수 있는 장치 중 하나입니다. 하지만 설치된 장소에 따라서 움직이는 빠르기가 다릅니다. 에스컬레이터의 속력을 빠르게 또는 느리게 조절하는 경우를 찾아보고 그렇게 하는 이유를 설명해 보세요.

속력	설치 장소	이유
빠르게 하는 경우		
느리게 하는 경우		

6학년 2학기

- 물질의 연소
- 전기의 이용

33 연소란 무엇인가요?

▶ 6학년 2학기 - 2. 물질의 연소

과학적 용어 알기

연소: 물질이 빛과 열을 내면서 산소와 빠르게 결합하는 반응
연소의 3요소: 탈 물질(연료), 산소, 발화점 이상의 온도
발화점: 물질에 불이 붙기 시작하는 온도

불의 발견과 이용

인류는 자연적으로 발생한 불을 이용하다가 100만 년 전쯤 나무를 마찰시켜 불씨를 얻는 방법을 습득함으로써 불을 다루게 되었습니다. 불을 사용하여 난방을 하고, 음식을 익혀 먹으며, 광석으로부터 금속을 추출하거나, 흙을 이용하여 여러 가지 모양의 토기를 만들어 사용하게 되었습니다. 이처럼 불은 인류 진화 역사에서 가장 중요하고 위대한 발견입니다.

연소와 연소의 조건

물질이 탈 때는 주변이 밝아지고 온도가 높아집니다. 이는 물질이 탈 때 빛과 열이 발생하기 때문입니다. 이렇게 물질이 빛과 열을 내면서 산소와 빠르게 결합하는 반응을 **연소**라고 합니다. 물질이 연소하기 위해서는 탈 물질(연료), 산소 그리고 물질에 불이 붙기 시작하는 온도인 **발화점** 이상의 온도(열)가 필요하며, 이를 **연소의 3요소**라고 합니다. 연소의 3요소 중 한 가지라도 없으면 연소는 일어나지 않습니다.

핵심개념

- 인류는 연소 과정에서 발생하는 빛과 열을 이용하여 인류 문명을 발전시켜 왔습니다.
- 연소의 3요소 중 한 가지라도 없으면 연소는 일어나지 않습니다.
- 파라핀으로 이루어진 양초는 고체에서 액체, 액체에서 기체 상태로의 상태 변화를 거친 후, 기체 상태의 파라핀이 연소되어 촛불이 나타납니다.

양초의 연소

파라핀이라는 탄소 기반의 화학물질로 이루어진 양초는 우리가 생활하는 일상의 온도에서는 고체로 존재합니다. 그렇다면 양초가 연소될 때는 무슨 일이 일어날까요? 양초 심지에 불을 붙여 가열하면 고체 파라핀이 액체로 변하고 액체는 다시 기체로 변하며, 기체 상태의 파라핀이 산소와 반응하여 불꽃을 내게 됩니다. 촛불은 크게 겉불꽃, 속불꽃, 불꽃심으로 나뉘어지는데, 속불꽃이 가장 밝고 불꽃심이 가장 어둡습니다. 속불꽃이 가장 밝게 보이는 이유는 미처 연소되지 못한 탄소 알갱이가 가열되어 빛을 내고 있기 때문입니다. 그리고 겉불꽃은 파라핀 기체의 연소에 필요한 산소가 잘 공급되어 온도가 가장 높습니다.

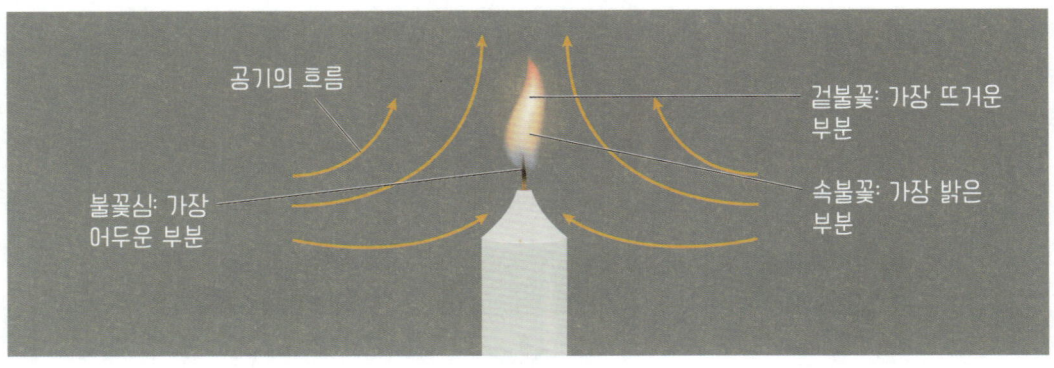

인성 선생님과 함께하는 영재성 키우기

1 종이에 불을 붙이면 쉽게 불이 붙습니다. 그런데 물이 들어 있는 종이 냄비를 버너에 올리고 라면을 끓여도, 종이 냄비에는 불이 붙지 않습니다. 왜 그러한 현상이 일어나는지 과학적으로 설명해 보세요.

2 각 그림을 참고해서 다음 질문에 답하세요.

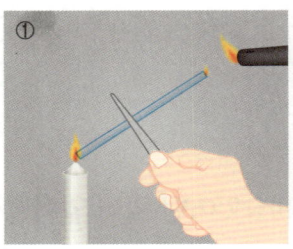

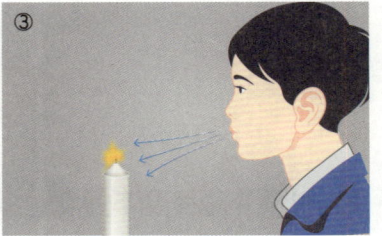

① 가는 유리관의 한쪽 끝을 심지 근처의 불꽃에 가져다 대고, 다른 쪽 끝부분에는 점화기의 불꽃을 가까이 대어 보면 어떻게 될까요?

인성 선생님과 함께하는 영재성 키우기

② 촛불을 끈 다음에 연기가 올라올 때 심지 근처에 불을 가져가면 어떻게 될까요?

③ 연소 중인 촛불에 약하게 입김을 불 때와 강하게 입김을 불 때 촛불은 어떤 차이를 보일까요?

❸ 심지가 없는 양초에 불을 붙이려고 하면, 양초는 어떻게 될까요? 어떤 일이 일어날지 추측해 보고, 양초에서 심지의 역할을 설명해 보세요.

34. 최고의 소방관이 되기 위한 조건은?

▶ 6학년 2학기 - 2. 물질의 연소

과학적 용어 알기

소화: 연소에 필요한 조건을 없애 줌으로써 불을 끄는 것
소화기: 불을 끄는 데 쓰이는 도구

소화와 소화의 종류

소화는 연소의 3요소 중 한 가지 이상을 제거해서 불을 끄는 것입니다. 소화의 방법에는 탈 물질을 제거하여 불을 끄는 '제거 소화', 산소를 차단하여 불을 끄는 '질식 소화', 열을 제거해서 발화점 미만으로 온도를 낮추는 '냉각 소화' 등이 있으며 그 사례는 아래 표와 같습니다.

소화의 종류	사례
제거 소화	· 연료 조절 밸브 잠그기 · 산불 주변의 나무 제거하기 · 산불 주변에 맞불 놓기 등
질식 소화	· 소화기로 불을 끄기 · 담요로 덮기 · 알코올램프 뚜껑 덮어서 불 끄기 등
냉각 소화	· 물을 뿌려서 불 끄기 등

소화의 종류에 따른 사례

양초의 연소 과정에서 (가)와 같이 양초의 심지를 잘라 액체 파라핀의 기화를 막는 것은 제거 소화이고, (나)와 같이 집기병으로 덮어 산소를 차단하는 것은 질식 소화, (다)와 같이 물을 뿌려 발화점 미만으로 온도를 낮추는 것은 냉각 소화 방법입니다.

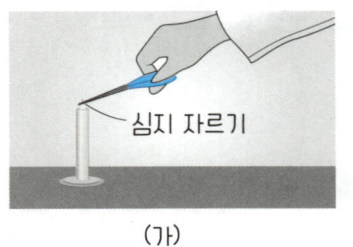
(가)
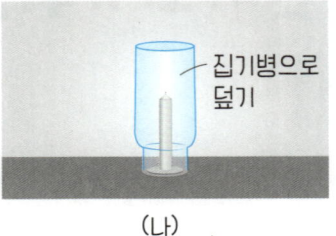
(나)
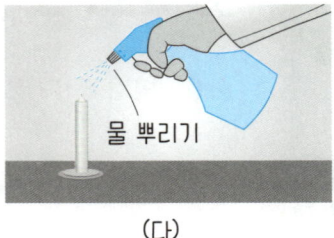
(다)

화재 안전 대책 및 소화 장치

불은 일상생활에서 우리에게 많은 도움을 주지만 때로는 화재로 이어지기도 합니다. 따라서 불을 사용할 때에는 화재가 발생하지 않게 주의해야 하고, 화재가 발생했을 경우 어떻게 대처해야 하는지 알고 있어야 합니다.

화재를 가장 먼저 발견한 사람은 "불이야!" 하고 외치고 비상벨을 눌러 주변에 알리며 119에 최대한 빨리 화재 신고를 합니다. 그리고 화재 장소를 신속히 벗어나야 합니다. (손)수건이나 옷에 물을 묻혀 코와 입을 막고 자세를 낮추어 이동하며, 승강기 대신 계단을 이용하여 신속하게 밖으로 대피합니다. 만약 화재 초기에 진압이 가능한 경우에는 불을 끄는 데 쓰이는 도구인 **소화기**를 사용합니다.

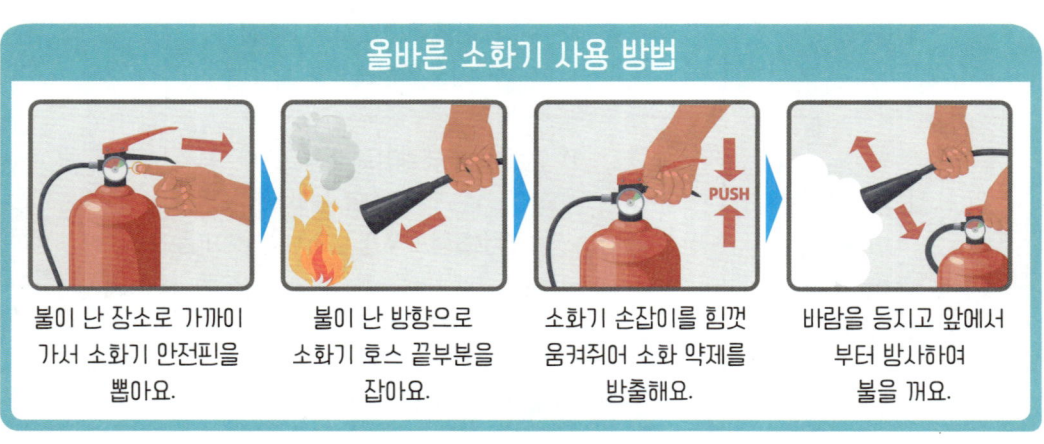

일반적으로 주변에서 쉽게 볼 수 있는 간이 소화 용구로는 실내에 많이 설치되어 있는 축압식 분말 소화기 이외에 스프레이식 소화기, 투척용 소화기, 소화 약제, 모래주머니 함 등이 있습니다.

소화기

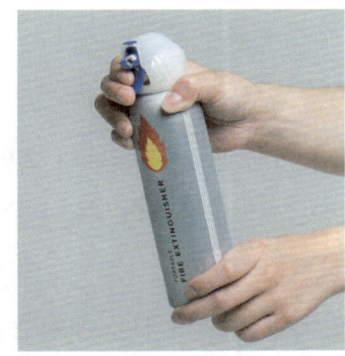
스프레이식 소화기

그리고 우리 주변에서 볼 수 있는 소방 시설로는 화재 초기에 발생되는 열, 연기, 불꽃 등을 감지하여 경보를 통해 초기 대응을 가능하게 해 주는 화재경보기, 소화 약제를 자동으로 방사하는 자동 소화 장치, 화재가 발생했을 때 열을 감지해 자동으로 물을 뿌리는 스프링클러, 호스와 노즐이 함께 들어 있어 불이 나면 물을 분사해 불을 끌 수 있는 소화전 등이 있습니다. 또한 건물에서 불이 났을 때 몸에 밧줄을 매고 건물 밖의 아래층으로 천천히 내려올 수 있게 만든 완강기도 있습니다(10층 이하 건물에서만 사용).

화재경보기

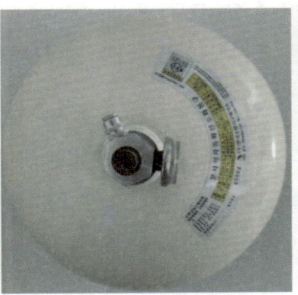
자동 소화 장치

스프링클러

핵심개념

- 연소의 3요소 중 한 가지 이상을 제거하면 소화가 가능합니다.
- 소화의 방법에는 제거 소화, 질식 소화, 냉각 소화가 있습니다.
- 우리 주변의 소화 시설은 소화기, 화재경보기, 자동 소화 장치, 스프링클러, 소화전, 완강기 등이 있습니다.

소화기는 용도에 따라 다음과 같은 종류의 소화기가 있습니다.

- **거품 소화기**: 거품으로 덮어 산소의 공급을 차단해 불을 끄며, 전기 화재를 제외한 대부분 화재에 적합합니다.
- **분말 소화기**: 분말 가루를 덮어 산소의 공급을 차단해 불을 끄며, 전기 화재, 기름 화재, 화학 약품 화재에 적합합니다.
- **이산화탄소 소화기**: 이산화탄소가 산소의 공급을 차단해 불을 끄며, 전기 화재, 기름 화재에 적합합니다.

화재는 연소 특성에 따라 A급 화재, B급 화재, C급 화재, D급 화재 등 4종류로 분류할 수 있으며, 화재의 종류에 따라 소화 방법이 다음과 같이 다릅니다.

구분	내용	소화 방법
일반 화재 (A급)	나무, 종이, 섬유, 고무, 플라스틱 등이 연소해 재가 남는 화재로, 주변에서 일어나는 일반적인 화재이다.	· 물을 뿌린다. · 방염 담요를 덮는다. · 분말 소화기를 사용한다.
유류·가스 화재 (B급)	기름이나 가연성 가스 등이 연소해 재가 남지 않는 화재로, 물을 뿌리면 더 큰 화재로 이어지므로 유의한다.	· 분말 소화기나 이산화탄소 소화기를 사용한다.
전기 화재 (C급)	전류가 흐르고 있는 전기 설비에서 불이 난 경우의 화재로, 물을 뿌리면 감전의 위험이 있으므로 유의한다.	· 누전 차단기를 내린다. · 이산화탄소 소화기를 사용한다.
금속 화재 (D급)	나트륨, 칼륨, 마그네슘과 같은 가연성 금속의 화재로, 폭발을 동반하기도 한다.	· 모래를 뿌린다. · 특수 소화기를 사용한다.

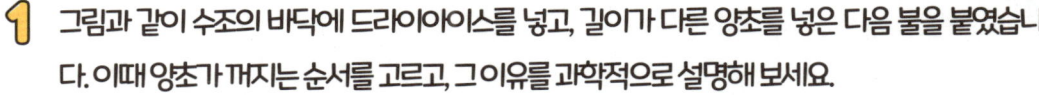

인성 선생님과 함께하는 영재성 키우기

1 그림과 같이 수조의 바닥에 드라이아이스를 넣고, 길이가 다른 양초를 넣은 다음 불을 붙였습니다. 이때 양초가 꺼지는 순서를 고르고, 그 이유를 과학적으로 설명해 보세요.

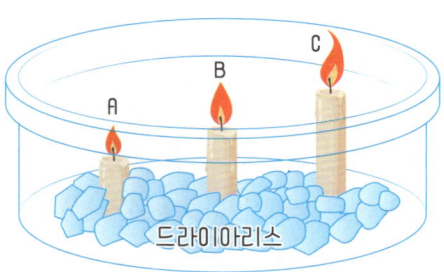

양초가 꺼지는 순서	
그렇게 생각한 이유	

2 가정에서 주로 사용하는 가스 연료는 LNG(액화천연가스)와 LPG(액화석유가스)가 있습니다. LNG는 주성분이 메테인으로 공기보다 가볍고 가정과 산업에 주로 공급되는 연료입니다. LPG는 프로판과 부탄을 주성분으로 하며 공기보다 무겁고, 휴대용 및 자동차 연료로 사용되고 있습니다. 이러한 가스 연료가 누출되는 것을 감지하고 위험성을 알려 주는 가스 누출 경보기는 LNG 가스 누출 경보기와 LPG 가스 누출 경보기가 있으며 설치하는 위치가 다릅니다. 그 이유를 두 연료의 성질을 중심으로 설명해 보세요. (힌트: 공기에 비해 LNG와 LPG의 무게가 다름을 이용)

35 전기로 만드는 전자석에 대해 알아보아요

▶ 6학년 2학기 - 3. 전기의 이용

과학적 용어 알기

자성: 자석이 가지고 있는 성질로 쇠와 같은 일부 금속을 잡아당기는 성질
전자석: 전기가 흐를 때만 자성을 가지도록 코일을 감아 만든 인공적인 자석
에나멜선: 구리선을 에나멜이라는 부도체 물질로 코팅한 전선으로, 일반적으로 비닐로 감싼 전선보다 얇아서 전자석에 많이 이용되는 전선
코일: 에나멜선과 같은 전선을 둥글게 여러 번 감아 놓은 것

자석에 붙어 있는 쇳조각을 어떻게 떼어 내죠?

고철을 수집하는 공장에 가면 고철을 운반하는 기계가 있습니다. 그런데 이 기계는 고철을 담는 바구니 모양도 아니고, 물건을 잡는 집게 모양도 아닙니다.

위 그림과 같이 넓은 판에 고철을 붙여서 운반합니다. 철은 자석에 붙으니까 자석의 힘으로 운반하는 것은 알겠는데, 내려놓을 때는 어떻게 떼어 낼까요? 이것이 바로 전자석의 성질을 이용한 것입니다. **전자석**은 전기가 흐를 때에만 자석이 되고, 전기가 흐르지 않으면 자석의 성질(자성)이 없어지는 자석입니다. 그래서 고철을 운반할 때, 처음에는 전기를 흘려보내 자석을 만들어 철을 붙여서 이동시키고, 내려놓을 때는 전기를 차단하여 자성을 없애서 고철을 떨어뜨립니다.

전자석 만들기

에나멜선과 건전지만 있으면 집에서도 쉽게 전자석을 만들 수 있습니다. 그럼, 우리 함께 전자석을 만들어 볼까요?

준비물: 에나멜선 3 m, 9 V 건전지 1개, 집게 전선 2개, 큰 못, 얇은 종이

실험 방법

1. 큰 못의 옆면(에나멜선을 감을 부분)에 얇은 종이로 한 겹 감습니다.
2. 에나멜선의 한쪽 끝을 5 cm 정도 남겨 두고 큰 못의 옆면에 빽빽하게 감습니다. 이때 에나멜선을 촘촘하게 많이 감을수록 자성이 세집니다.
3. 못에 감은 에나멜선의 양쪽 끝부분을 칼로 긁어서 코팅된 에나멜을 제거합니다 (안쪽 구리가 잘 나와야 전기가 잘 흘러 전자석이 될 수 있음).
4. 부도체 에나멜 코팅을 제거한 구리 부분에 집게 전선을 이용하여 건전지와 연결하면 전자석이 완성됩니다.
5. 전자석이 된 못에 클립과 같은 철로 된 물체를 붙여 봅니다.

전자석은 에나멜선에 전기가 흐르면 자성을 갖게 됩니다. 따라서 전자석의 세기를 세게 하려면 에나멜선에 전류가 많이 흐르도록 건전지를 더 많이 연결하거나, 에나멜선을 더 촘촘하게 많이 감으면 됩니다.

> **핵심개념**
> - 전자석은 전류가 흐르는 동안에만 자성을 갖습니다.
> - 전자석의 세기는 전류가 많이 흐를수록, 에나멜선을 더 많이, 그리고 더 촘촘하게 감을수록 세어집니다.

서양에서 처음 전기를 발견한 사람은 지금으로부터 약 2,500년 전에 살았던 그리스의 철학자 탈레스라고 알려져 있습니다. 그는 송진이 굳어서 화석이 된 '호박'이라는 보석을 천으로 닦다가 먼지가 달라붙는 현상을 보고, 정전기에 의한 힘을 발견하였습니다. 전기를 영어로는 'electricity'라고 하는데, 이는 그리스어로 '호박(electron)'이라는 말에서 유래했다고 합니다. 동양에서는 언제부터인지는 모르지만 번개의 힘이라는 뜻에서 '전기(電氣)'라고 쓰고 있습니다.

이처럼 사람들이 전기를 발견한 것은 지금으로부터 2,500년도 넘었지만, 전기를 사용하기 시작한 것은 200년밖에는 안 됩니다. 그 이유는 전기를 순간적으로 만들 수는 있었지만, 계속 흐르도록 하거나 저장할 수 없었기 때문입니다. 전기를 계속 흐르게 만드는 전지(電池)를 처음으로 만든 사람은 1800년 이탈리아의 과학자 볼타였습니다. 이후 화학적인 방법으로 다양한 전지가 발명되었지만, 비싸고 수명도 짧아서 일부의 연구자들만이 사용했습니다.

지금의 발전 방식이 발명된 것은 1831년 영국의 과학자 마이클 패러데이에 의해서입니다. 자석 사이에서 코일을 회전시켜 전기를 얻는 방식인데, 이 원리를 전자기 유도라고 합니다. 코일을 회전시키는 힘만 있으면 쉽게 전기를 만들 수 있어서 가장 많이 이용하는 발전 방식입니다. 수력 발전소는 빠르게 흐르는 물의 힘으로 코일을 돌려서 전기를 만들고, 화력 발전소와 원자력 발전소는 뜨거운 열로 물을 끓여 빠르게 움직이는 수증기의 힘으로 코일을 돌려서 전기를 만들며, 풍력 발전소는 바람의 힘으로 코일을 돌려서 전기를 만듭니다. 즉, 대부분의 발전소는 코일을 돌리는 힘의 종류만 다를 뿐, 모두 전자기 유도 원리에 의해 전기를 만들고 있습니다.

인성 선생님과 함께하는 영재성 키우기

깨칠이는 다음과 같은 방법으로 전자석을 만들었습니다. 물음에 답하세요.

만드는 방법

1. 큰 못의 옆면에 얇은 종이를 한 겹 감는다.
2. 에나멜선의 한쪽 끝을 5 cm 정도 남겨 두고, 그림과 같이 큰 못의 옆면에 빽빽하게 감는다.
3. (가) _____
4. 집게 전선을 이용해 건전지와 연결하면 전자석이 완성된다.

1 실험 방법 중 (가)에 들어갈 내용을 써 보세요.

(가)	

인성 선생님과 함께하는 영재성 키우기

2 위 그림에서 집게 전선으로 건전지를 연결한 모습을 그림으로 그려 보세요.

3 전자석을 더 세게 만들 수 있는 방법 세 가지를 생각하여 써 보세요.

구분	전자석을 더 세게 만들 수 있는 방법
①	
②	
③	

36 크리스마스트리의 전등이 차례로 켜지는 이유는 뭘까요?

▶ 6학년 2학기 - 3. 전기의 이용

과학적 용어 알기

전기 회로: 전기 부품을 서로 연결하여 전기가 흐르도록 구성한 회로
직렬 회로: 전원(건전지)을 기준으로, 한 줄로 차례차례 전구를 연결한 전기 회로
병렬 회로: 전원(건전지)을 기준으로, 두 줄 이상의 여러 갈래로 전구를 연결한 전기 회로

전기 회로는 어떻게 구성되나요?

매년 12월이 되면 크리스마스를 기념하는 크리스마스트리가 곳곳에 설치됩니다. 이 크리스마스트리의 전등이 화려한 이유 중 하나는 다양한 색깔의 전등이 차례대로 켜졌다 꺼졌다를 반복하기 때문입니다.

크리스마스트리의 전등은 어떻게 **전기 회로**가 구성되었기에 차례대로 한 줄 한 줄 켜졌다 꺼졌다를 반복할까요? 그 이유는 바로 직렬 회로와 병렬 회로를 함께 사용했기 때문입니다. 이것을 이해하기 위해서는 먼저 전기 회로에 대해서 알아야 합니다. 전기 회로란 전기 부품을 서로 연결하여 전기가 흐르도록 구성한 회로를 말합니다. 전기 회로에서 전기가 흐르려면 먼저 에너지를 공급하는 건전지가 있어야 하고, 전기를 사용할 전기 부품(예: 꼬마전구)이 있어야 하며, 이들 사이에서 전기가 흐를 수 있도록 금속으로 된 전선이 끊어지지 않고 연결되어 있어야 합니다.

직렬 회로와 병렬 회로란?

꼬마전구와 같은 전기 부품을 2개 이상 연결하는 방법에는 두 종류가 있습니다. 먼저 건전지의 (+)극에 연결된 전선을 첫 번째 전구로 연결하고, 첫 번째 전구에서 다시 전선을 연결하여 두 번째 전구로 연결한 후, 두 번째 전구에서 건전지의 (-)극으로 연결하는 방법이 있습니다. 이 경우 전기는 건전지의 (+)극에서 나와 첫 번째 전구를 지나 두 번째 전구로 가고, 마지막으로 건전지의 (-)극으로 들어가는 흐름을 만듭니다. 이렇게 전기 부품을 한 줄로 연결하여, 전기도 한 줄로만 흐르는 회로를 **직렬 회로**라고 합니다. 반면에 건전지의 (+)극에 전선을 두 가닥 연결하여 한 줄은 첫 번째 전구에, 다른 한 줄은 두 번째 전구에 연결하고, 각 전구에서 다시 전선을 연결하여 두 전선 모두 건전지의 (-)극에 연결하는 방법이 있습니다. 이 경우, 전기는 건전지의 (+)극에서 두 줄로 나와서 첫 번째 전구와 두 번째 전구에 각각 들어갔다가 다시 건전지의 (-)극으로 각각 들어오는 흐름을 만듭니다. 이처럼 전선을 여러 줄로 만들어 전기가 여러 줄로 흐를 수 있도록 만든 회로를 **병렬 회로**라고 합니다.

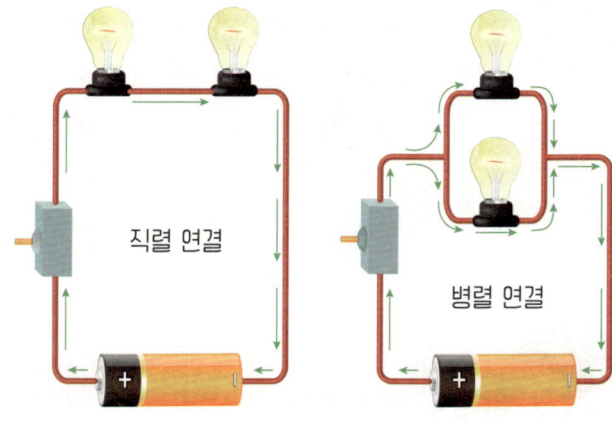

직렬 회로와 병렬 회로의 특징

직렬 회로는 전선이 한 줄로 연결되어 있어서, 회로의 한 부분이 끊어지면 회로 전체에 전기가 흐르지 않게 됩니다. 하지만 병렬 회로에서는 전선이 여러 줄로 연결되어 있어서, 회로의 한 부분이 끊어져도 그 부분만 전기가 흐르지 않고 다른 줄의 회로에는 전기가 계속 흐르게 됩니다. 이러한 병렬 회로의 원리를 이용한 것으로는 멀티탭이 있습니다. 멀티탭은 각 콘센트마다 병렬로 연결하여 사용하는 부분만 전기가 흐를 수 있도록 한 것입니다.

- 직렬로 연결된 회로에서는 회로의 한 부분이 끊어지면, 모든 회로에 전기가 흐르지 않게 됩니다.
- 병렬로 연결된 회로에서는 회로의 한 부분이 끊어져도 그 부분만 전기가 흐르지 않고 나머지 다른 부분에는 전기가 흘러 바르게 작동합니다.

순서대로 깜박거리는 크리스마스트리의 전등은 직렬 회로와 병렬 회로를 동시에 사용합니다. 아래 그림과 같이 동시에 불이 켜지는 전구들은 직렬로 연결되어 있는 전구들이고, 그 순간 불이 켜지지 않은 전구들은 병렬로 연결되어 있는 전구들입니다. 여러 개의 전구들을 직렬로 연결한 전선 몇 개를 병렬로 연결하여 순서대로 전원과 연결시켜 주면, 그 순서대로 전등이 켜지면서 아름다운 크리스마스트리의 전등이 완성되는 것입니다.

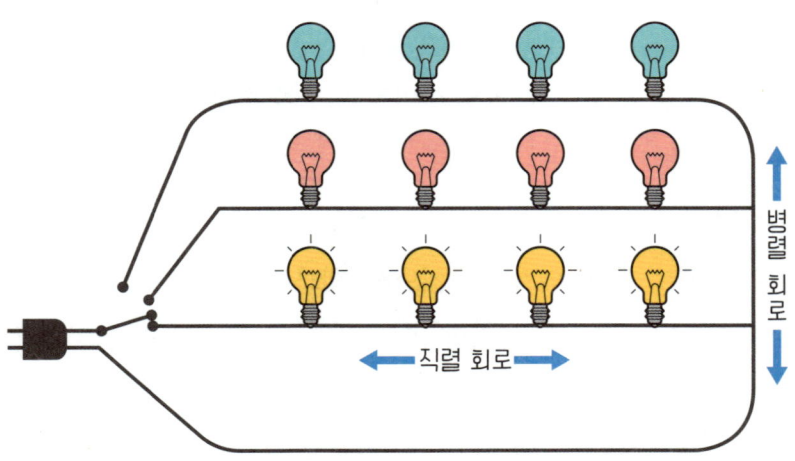

204

인성 선생님과 함께하는 영재성 키우기

같은 종류의 전구 9개가 연결되어 있는 전기 회로가 있습니다. 이 중에서 그림과 같이 가운데 있는 전구의 필라멘트가 끊어졌습니다. 물음에 답하세요.

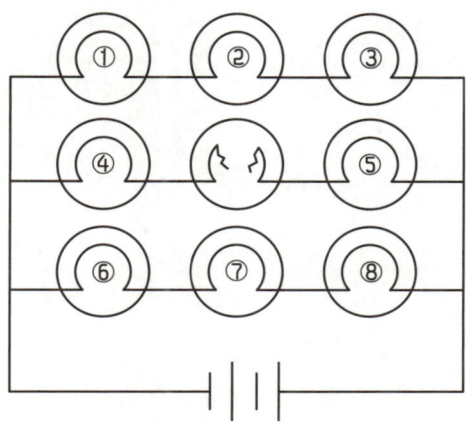

1 현재 상태에서 불이 들어오지 않는 전구의 번호를 모두 써 보세요.

| 불이 들어오지 않는 전구는? | |

2 그렇게 판단한 이유를 전기 회로의 연결 방식과 연관 지어 설명해 보세요.

| 그렇게 판단한 이유 | |

영재교육원 선생님들이 지도하는
깨칠이 과학영재 만들기

초판 1쇄 인쇄 | 2025년 10월 10일
초판 1쇄 발행 | 2025년 10월 15일

지은이 | 조영래·왕유진·이성현·이완직
그림 | 깨칠이스튜디오(김수안)
펴낸이 | 조승식
펴낸곳 | 도서출판 북스힐
등록 | 1998년 7월 28일 제22-457호
주소 | 서울시 강북구 한천로 153길 17
전화 | 02-994-0071
팩스 | 02-994-0073
인스타그램 | @bookshill_official
블로그 | blog.naver.com/booksgogo
이메일 | bookshill@bookshill.com

값 16,800원
ISBN 979-11-5971-713-0

*잘못된 책은 구입하신 서점에서 교환해 드립니다.